저자 소개

글 사회평론 역사연구소
오랫동안 어린이 교육과 역사 콘텐츠를 연구한 전문가들이 모여, 우리 아이들이 쉽고 재미있게 공부할 수 있는 책을 만들고 있어요. 《용선생의 시끌벅적 한국사》, 《용선생 교과서 한국사》, 《용선생 처음 세계사》, 《용선생 교과서 세계사》, 《교양으로 읽는 용선생 세계사》 등을 쓰고 펴냈어요.

김언진 | 사회평론 역사연구소 연구원
국어교육을 전공하고, 초·중등학생을 대상으로 한 국어 및 독서 논술 교재 콘텐츠를 연구 개발했어요.

김선빈
고려대학교 국어국문학과를 졸업하고, 국어·사회과, 역사와 관련된 다양한 교육 프로그램과 콘텐츠를 개발했어요.

장유영
서울대학교에서 지리교육, 공통사회교육, 언론정보학을 공부했어요. 졸업 후 학교에서 학생들을 가르치다 지금은 어린이책을 만들고 있어요.

김선혜
고려대학교 사학과를 졸업하고, 여러 회사에서 컨텐츠 매니저, 기획 업무를 담당했습니다. 누구나 쉽고 재밌게 읽을 수 있는 역사책을 쓰는 것이 꿈입니다.

그림 뭉선생
2006년 LG·동아 국제 만화 공모전 극화 부분 당선으로 데뷔했어요. 《우주를 여는 비밀 열쇠》, 《용선생 만화 한국사》 등을 그렸어요.

그림 윤효식
2002년 《신검》으로 데뷔했어요. 《마법천자문 사회 원정대》, 《용선생 만화 한국사》 등을 그렸어요.

자문·감수 박선영
《리얼 호주》, 《리얼 뉴질랜드》, 《뉴질랜드 100배 즐기기》, 《호주 100배 즐기기》, 《라스베이거스 100배 즐기기》, 《프렌즈 뉴욕》 등을 출간한 여행 작가예요. 《그림이랑 놀자》, 《여름이 겨울보다 좋은 59가지 이유》 등의 어린이 책을 썼으며 수많은 베스트셀러의 기획자이자 편집자이기도 해요.

캐릭터 이우일
홍익대학교에서 시각 디자인을 공부했어요. 《우일우화》, 《고양이 카프카의 고백》, 《용선생의 시끌벅적 한국사》, 《교양으로 읽는 용선생 세계사》 등을 그렸어요.

용선생이 간다

세계 문화 여행 · 7

글 사회평론 역사연구소 | 그림 뭉선생·윤효식 | 자문·감수 박선영 | 캐릭터 이우일

 호주

사회평론

차 례

1일 시드니

허영심, 아름다운 시드니 앞바다를 누비다! 11

용선생의 스페셜 가이드
호주, 이것이 궁금하다! 20

2일 시드니 근교

곽두기, 졸고 있는 코알라를 만나다! 23

용선생의 스페셜 가이드
호주의 신비한 동물 사전 30

3일 캔버라

장하다, 알록달록 열기구를 타고 하늘을 날다! 33

용선생의 스페셜 가이드
세상 둘도 없는 형님과 동생, 호주와 영국 40

4일 멜버른

나선애, 집으로 돌아가는 펭귄과 만나다! 43

용선생의 스페셜 가이드
용선생과 호주 역사 한눈에 훑어보기! 52

5일 태즈매니아

장하다, 태즈매니아에서 죄수 유령을 만나다!? 55

용선생의 스페셜 가이드
태즈매니아 사람들은 어디로 갔을까? 62

6일 퍼스

왕수재, 꿀렁꿀렁 파도치는 바위 앞에 서다! 65

용선생의 스페셜 가이드
서호주의 다양한 볼거리 72

7일 다원

나선애, 4만 년 된 암각화를 발견하다! 75

용선생의 스페셜 가이드
호주의 원주민, 애버리진은 누구인가? 82

8일 울루루

왕수재, 지구의 배꼽에서 아침을 맞다! 85

용선생의 스페셜 가이드
호주의 절반, 아웃백 여행하기 92

9일 케언스

허영심, 바다거북과 산호초 사이를 헤엄치다! 95

용선생의 스페셜 가이드
그레이트배리어리프의 비밀을 밝혀라! 102

10일 골드 코스트

곽두기, 놀이공원 천국에서 롤러코스터를 타다! 105

용선생의 스페셜 가이드
자원의 축복을 받은 호주 112

퀴즈로 정리하는 호주 116

정 답 118

용선생
최고의 가이드
용선생이 돌아왔다~
이번 여행도 알차게
준비했어!

나선애
나는야 여행 길잡이~
길 잃지 않게 잘
따라와야 해!

장하다
여행은 역시 먹는
맛이지!
호주는 소고기가
그렇게 맛있다며?

허영심
호주는 귀여운 동물
친구들의 천국!
코알라도 보고,
캥거루도 봐야지!

왕수재
호주는 신기하고
기묘한 나라~
궁금한 건
내가 다 설명해
줄게!

곽두기
선생님,
여기 보세요~
모두들 눈 감으면
안 돼!

나도 같이 여행할 거야!
꼭꼭 숨어 있는 나를
찾아봐!

♥ 여행 7일째 다윈에서

호주 일주 코스를 소개합니다~

7일
다윈

인도양

- 4만 년 된 원주민 벽화 감상하기
- 늪지대의 악어와 눈 마주치기

야생동물도 많대~

- 6일 굽이치는 바위 위에서 파도타기

- 8일 울루루의 해돋이 풍경 감상하기

8일
울루루

6일
퍼스

나선애의 간단 정리!

- **나라 이름:** 오스트레일리아 연방(Commonwealth of Australia)
- **면적:** 약 774만 제곱 킬로미터(한반도의 약 35배)
- **인구:** 약 2,669만 명(2024년 기준)
- **수도:** 캔버라(Canberra)

호주 사람들은 영어를 써~
그런데 유난히 줄임말을
좋아한다고 하네?

토막 회화 한마디!

예를 들어 '오후'는 애프터눈
(Afternoon) 대신 '아르보(Arvo)',
'우산'은 엄브렐러(Umbrella)
대신 '브롤리(Brolly)'
라고 한대~!

허영심, 아름다운 시드니 앞바다를 누비다!

록스 광장 ▶ 서큘러 키 ▶ 시드니 오페라하우스 ▶ 하버 브리지

호주를 대표하는 도시 시드니

"야호~! 아름다운 자연과 신비한 모험의 나라, 호주에 도착!"

드디어 시드니다! 시드니는 호주에서 가장 큰 도시래.

헉, 그런데 날씨가 너무 더운 거 있지? 우리나라는 한겨울이었는데…….

"흐흐. 호주는 우리나라랑 계절이 정반대란다. 몰랐구나?"

그러니까 우리나라가 겨울이면 호주는 여름이다, 이거네요?

호주는 신기한 게 많은 나라라더니 계절도 신기하네. 기대된다!

호주는 왜 우리나라랑 계절이 정반대예요?

▶ 호주는 남반구, 우리나라는 북반구에 있어서 그래. 남반구와 북반구는 계절이 반대야.

지하철을 타고 처음으로 들른 곳은 '록스 광장'이었어. 은은한 베이지색 건물들로 둘러싸인 작은 광장인데, 꽤 오래된 것 같았지! 눈부신 태양과 멋진 바다 같은 걸 기대했는데 의외네?

"하하, 이곳은 시드니에서 사람들이 가장 먼저 살기 시작한 곳이란다. 조금만 걸어가면 바다가 나올 거야. 잠깐 걸어 볼까?"

음~ 바람도 살랑살랑 부는 게 분위기 좋은데? 좋아요!

록스 광장의 이민자 기념비

근사한 바다 같은 걸 기대했는데…

조금만 걸어가면 바다가 나올 거야!

선생님, 시장이 열렸나 봐요!

주말이면 근처에서 벼룩시장도 열리곤 한단다!

❓ 록스 광장에는 언제부터 사람들이 살았어요?

▶ 영국의 이민자들이 최초로 정착한 날인 1788년 1월 26일이야. 지금으로부터 약 230년 정도 전이지. 이날은 호주 탄생을 기념하는 '호주의 날'이기도 해.

하버 브리지

시드니항

바다다!

록스 광장

서큘러 키

시드니 오페라하우스

우 다 다

로열 보타닉 가든

하늘에서 내려다본 시드니

"야호~! 바다다~!"

흐흐, 두기가 신났는지 쪼르르 달려갔어.

그런데 풍경이 너무 예쁜 거 있지?

한낮의 쨍한 햇빛이 잔잔한 파도에

부딪혀서 아름답게 빛나는데, 너무너무 아름답더라~

어라, 그런데 바다 건너편에도 높다란 건물들이 늘어서 있었어.

저기는 어디지? 저쪽도 시드니인가?

"맞아! 좁은 바다가 시드니 한가운데를 큰 강처럼 가로지르고 있는 거야."

시드니는 얼마나 큰 도시인가요?

▶ 시드니는 호주에서 가장 큰 도시야. 인구는 500만 명이 넘어. 호주 인구 5분의 1이 시드니에 살고 있지! 시드니는 거대한 무역항을 발판으로 다양한 산업이 발전한 대도시로, 호주의 금융 경제 중심지이기도 해.

그렇구나! 그러니까 서울에는 한강이 흐르듯이, 시드니 한가운데에는 바다가 있는 거였어. 여기는 <u>서큘러 키</u>라는 곳인데, <u>교통의 중심지</u>래. 크고 작은 배가 분주히 오가는 선착장도 있었고, 멀리 커다란 다리도 보였지.

"선생니임~ 풍경이 너무 예쁜데 여기서 점심 먹고 가면 안 될까요?"

내가 열심히 조르니까 선생님도 못 이기는 척 그러자고 했어. <u>헤헤</u>, 신난다~!

? 시드니 사람들은 어떻게 도시를 오가나요?

▶ 하버 브리지가 지어지기 전까지만 해도 시드니의 남쪽과 북쪽은 배를 타야 이동할 수 있었어. 지금은 해저 터널과 다리가 놓였지만, 수상 택시와 페리도 활발히 운행되고 있지.

시드니의 상징 **오페라하우스**

흐음~ 풍경 좋은 바닷가에서 밥을 먹으니까 저절로 배가 부르네~

"자~ 얘들아, 그럼 본격적으로 바다 구경 한번 해 볼까?"

우리는 선착장에서 출발하는 유람선을 타고 바다에서 도시를 바라보기로 했어.

유후~ 시원한 바닷바람을 맞으며 배를 타고 있으니,

머지않아 따스한 햇살을 받은 도시 풍경이 한눈에 들어왔지.

오페라하우스
오페라 등의 공연이 열리는 곳이야. 시드니를 상징하는 건물이지.

건물이 정말 신기하게 생겼네요?

이 건물은 짓는 데만 14년이 걸렸다고! 세계적으로도 유명한데~

응. 조개껍데기 모양을 본땄다는 말도 있단다.

수재야~ 그마안~!

"저기 왼편으로 보이는 건 시드니의 상징인 오페라하우스란다.
그리고 오른편의 커다란 다리 역시 시드니의 상징인 하버 브리지야."
아하, 그러고 보니 둘 다 본 적이 있어요!
나는 풍경 하나하나 놓치지 않으려고 눈을 부릅떴어.
다른 아이들도 난간에 서서 사진을 찍느라 야단이었지.

어휴, 두기야 좀 비켜봐~! 사진 찍어야 되는데
네가 오페라하우스를 가렸잖아~

하버 브리지
시드니의 남과 북을 잇는 길이 1.1킬로미터의 다리야. 오페라하우스와 함께 시드니의 상징이지.

헉! 저기 돌고래예요!

 오페라하우스에 들어가 볼 수는 없나요?

▶ 당연히 들어가 볼 수 있어. 공연이 없는 날에는 가이드의 안내를 받으며 둘러볼 수도 있지. 오페라 공연을 보며 식사를 할 수도 있단다!

📍 하버 브리지

"저길 올라간다고요? 정말로요?"
선생님의 말씀에 모두들 눈이 휘둥그레졌어.
저 높다란 하버 브리지 꼭대기까지
올라갈 수 있다지 뭐야!
"바람도 거세고, 조금 힘들 거야.
하지만 올라가면 경치가 끝내준단다."
선생님은 엄지손가락을 척 세우며 눈을 찡긋했어.
우리는 모두 허리에 끈을 묶고 안전장치를 한 뒤 침을 꼴깍 삼켰지!

매년 새해 기념 불꽃놀이 행사가 열리는 하버 브리지

하버 브리지는 언제 생겼나요?

▶ 1932년에 건설됐단다. 호주 경제가 어려웠던 시절, 하버 브리지 건설 공사가 시작되며 수많은 사람이 일자리를 얻기도 했지.

선생님 말대로였어. 다리 난간을 따라 높은 곳으로 갈수록 다리가 **후들후들**!
눈을 질끈 감고 싶었지만, 높은 곳에서 시드니를 내려 볼 생각에 꾹 참았지.
한참을 걸어간 끝에, 드디어 정상에 도착!
"와아~ 하늘을 나는 기분이에요!"
발아래로 아름다운 시드니의 풍경이 펼쳐졌어.
커다란 유람선도 손바닥만큼 작아 보이지 뭐야~
너무나 환상적이었지!
선생님, 그런데요…… 이제 어떻게 내려가요?

하버 브리지를 오르는 사람들

호주, 이것이 궁금하다!

호주에 도착한 첫날!
아이들이 호주에 대해 궁금한 게 많다고 해서
이 용선생이 궁금증을 풀어주기로 했어.
재밌고도 신비로운 호주에 대한 궁금증,
다 해결하렴~!

호주는 어디에 있나요?

호주는 우리나라로부터 **남쪽으로 약 7,000킬로미터** 떨어져 있어. 서울에서 호주의 대표 도시인 시드니까지 비행기로 10시간이 넘게 걸리니까, 우리나라에서 유럽까지 가는 것과 비슷한 거리라고 생각하면 돼. 호주는 옛날 영국의 식민지였기 때문에 영어를 쓰고 백인이 많이 살아.

호주는 얼마나 큰 나라인가요?

어마어마하게 커. 세계에서 여섯 번째로 큰 나라로 **무려 한반도의 35배나 된단다!** 하지만 사람이 살기 어려운 황량한 사막이 대부분이라 크기에 비해 인구는 매우 적어. 우리나라의 절반인 2천5백만 명 정도지. 인구 대부분이 시드니나 멜버른 같은 몇몇 도시에 모여서 살고 있어.

호주의 기후는 어떤가요?

땅이 넓은 만큼 기후도 무척 다채로워.
태평양과 마주한 동부 해안은 1년 내내 따뜻하고 비가 많이 오는 온화한 기후인 반면, 적도와 가까운 북쪽은 덥고 습한 열대 기후란다. 바다와 멀리 떨어진 내륙 지역에는 메마른 사막이 펼쳐져 있고, 남쪽 끝은 겨울이면 영하 10도 아래로 떨어지고 눈도 내려.

호주는 얼마나 잘사나요?

호주는 **1인당 국민 소득이 전 세계 10위권 안에 드는 경제 강국**이야. 드넓은 땅에는 석탄, 철광석, 우라늄 등의 다양한 지하자원이 아주 많이 매장돼 있지. 여기에 세계 최고 수준의 자원 개발 기술력 덕분에 호주의 광산업은 세계에서 1, 2위를 다투는 수준이란다. 농업과 축산업도 매우 발달했지. 전 세계 사람들이 찾아오는 관광 대국이라 관광 수입도 어마어마해.

남반구에서 제일 잘사는 나라라고!

우리나라와는 어떤 관계인가요?

호주는 문화적으로는 유럽, 미국과 비슷한 점이 많지만, **경제적으로는 우리나라를 비롯한 아시아 여러 나라와 관계가 깊어.** 머나먼 미국이나 유럽까지 물건이 오가는 것보다 가까운 아시아와 교류하기가 쉽기 때문이지. 우리는 석탄과 철광석 같은 지하자원과 소고기 등을 호주에서 많이 수입하고 있단다. 호주는 우리나라에서 휴대폰, 자동차 등을 수입하지.

다른 그림 찾기

찰칵~ 오페라하우스를 배경으로 단체 사진을 두 장 찍었어.
그런데 달라진 부분이 다섯 군데나 있네. 함께 찾아보자!

곽두기, 졸고 있는 코알라를 만나다!

시드니 근교

● 시드니 앞바다 ▸ ● 블루 마운틴 ▸ ● 에코 포인트

아침부터 배를 타러 왔어. 오늘은 좀 더 먼 바다로 나갈 거래!

배를 타고 시드니 앞바다로 나가면 헤엄치는 고래를 볼 수 있다지 뭐야?

서둘러 나오느라 잠도 못 잤지만, 고래를 볼 수 있다는 생각에 가슴이 설렜어.

"흐흐, 조금 오래 기다려야 될 거야~ 일단 쉬고 있으렴!"

선생님이 이야기했지만, 아무도 쉬지 않았어.

우리는 모두 두 눈을 크게 뜨고 바다를 노려봤지.

바다에 나가면 정말 고래를 쉽게 볼 수 있나요?

▶ 응. 생각보다 쉽게 만날 수 있어. 혹시나 고래를 만나지 못하면 배를 또 탈 수 있게 티켓을 준다니까~ 고래를 볼 때까지 바다에 나가면 돼!

시간이 얼마나 지났을까? 모두가 조금씩 지쳐 가던 그때!

"선생님, 저기 물보라 좀 봐요! 이리로 온다!"

선애 누나가 소리를 질렀어. 진짜로 물이 부글부글 끓는 듯 거품이 일더니, 집채만 한 고래가 물속에서 펄쩍 뛰어오르는 거야!

"우앗, 차가워!"

고래가 코앞에서 철썩! 물을 때리는 바람에 바닷물을 뒤집어썼어.

세상에, 고래를 이렇게 가까이에서 보다니~ 엄마한테 자랑해야지!

야생 코알라가 사는 **블루 마운틴**

"얘들아, 지금부터는 호주의 대자연을 보러 간다!"

우리는 기차를 타고 '블루 마운틴'으로 가기로 했어. 오래되고 울창한 숲이 펼쳐진 곳이라는데, 넓이가 서울의 네 배가 넘는대. 헉!

우리는 케이블카를 타고 하늘에 대롱대롱 매달려 계곡을 내려다보고, 열차를 타고 계곡 속으로 우당탕탕 내려가기도 했지!

저 아래 좀 봐!

으으~ 너무 높아!

숲속에 롤러코스터가 다 있네요?

석탄을 나르던 열차야. 예전에 이곳에는 석탄 광산이 많았지.

뉴캐슬

블루 마운틴

호주의 대자연을 향해 출발!

숲이 정말 넓네요~!

카툼바

귀여운 코알라를 만날 거야~

시드니

쿠우~ 쿠우~

유칼립투스 나무

꺄악! 너무너무 귀엽다아~

어쩜 저렇게 세상 모르고 자지?

호호, 코알라는 하루 20시간이 넘게 자는 경우도 있거든!

하루 20시간!? 엄청난 잠꾸러기잖아~

호호, 너랑 비슷한 거 같은데~?

찰칵!

우리는 울창한 숲속을 산책했어. 맑은 공기에 기분까지 상쾌했지!
그런데 선생님이 갑자기 우리를 툭툭 건드리더니 나뭇가지를 가리켰어.
세상에! 나무 위에 코알라 한 마리가 앉아있지 뭐야?
동글동글한 머리랑 작은 손이 정말 너무나 귀여웠어~ 음, 근데 눈을 감았네?
"뭐야~ 아무래도 자고 있는 거 같은데!"

호주에 가면 코알라를 쉽게 만날 수 있나요?

▶ 동물원에는 많지만, 멸종 위기 동물이라 야생에서 쉽게 만나기는 어려워. 지금 호주에 살고 있는 야생 코알라를 모두 합쳐도 4만 마리가 채 안 된다고 하거든.

여기는 '에코 포인트'야. 블루 마운틴에서 가장 경치가 좋기로 소문난 곳이래.
"세상에~ 선생님, 저 아래 좀 보세요!"
전망대 난간에 매달린 하다 형이 발을 동동 구르며 소리쳤어.
우아! 우리 눈앞에는 깎아지른 절벽들이 꼭 병풍처럼 웅장하게 펼쳐졌고, 절벽 아래에는 짙은 안개 속에 파묻힌 푸른 숲이 넘실댔어. 대단하다~

세 자매 바위
먼 옛날, 마왕을 피해 도망 가던 세 자매가 바위로 변했다는 전설이 있어!

블루 마운틴에서는 왜 파란빛이 나나요?

▶ 블루 마운틴에는 유칼립투스 나무가 많아. 증발해서 공기 중에 흩어진 유칼립투스 나무의 진액이 햇빛과 만나면 파란빛을 반사한대.

"숲에 은은하게 파란 빛이 나는 게 보이니?
그래서 이곳을 '블루 마운틴'이라고 하는 거야."
선생님은 안개 속의 숲을 가리키며 설명을 해 주셨어. 가까이 보이는 병풍 같은 바위들은 바람과 물에 수억 년이나 깎여서 만들어진 거래.
특히 왼편의 커다란 바위는 '세 자매 바위'라고 한다더라.
꼭 쌍둥이처럼 생긴 바위라서 그런 이름이 붙었나 봐!

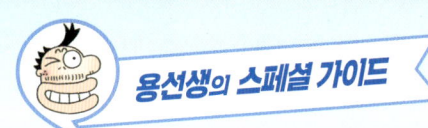

호주의 신비한 동물 사전

호주는 독특한 동물이 많이 살고 있는 곳으로 유명해. 잘 알려진 캥거루나 코알라 말고도 다른 대륙에서는 볼 수 없는 동물이 무척이나 많지. 그래서 이런 동물들을 보러 호주를 찾는 사람들도 있을 정도란다. 그럼 호주에서만 만날 수 있는 동물에 대해 알아볼까?

코알라
동글동글한 눈과 귀가 인상적인 동물이야. 호주의 상징이지. 호주에 많은 '유칼립투스'라는 나무의 잎을 먹으며 살아.

캥거루
'호주' 하면 가장 먼저 떠오르는 동물이야! 긴 꼬리와 두 발로 선 채 껑충껑충 뛰어다니는 모습이 몹시 독특하지. 새끼를 낳으면 뱃속에 있는 주머니에 넣어서 기르는 것도 유명해.

코알라 찾기

코알라를 많이 만날 수 있는 동물원으로 왔어.
이 동물원에서 가장 유명하다는 코순이를 찾아보려고 해.
사람들의 이야기를 듣고 코순이가 어디 있는지 찾아보자!

장하다, 알록달록 열기구를 타고 하늘을 날다!

캔버라

열기구 투어 ▶ 벌리 그리핀 호수 ▶ 박물관 투어

호주의 계획 수도 **캔버라**

이곳은 호주의 수도 캔버라! 우리는 열기구를 타고 캔버라 하늘을 날고 있어.

하늘에서 내려다본 캔버라의 모습은 몹시 신기했지.

꼭 누군가 자를 대고 그린 것처럼 도로가 쭉쭉 뻗어 있었거든.

숲이랑 호수는 어찌나 많은지, 도시가 아니라 공원을 보는 것만 같았어.

"캔버라는 철저히 계획적으로 세워진 도시라 그래. 신기하지?"

때마침 먼 곳에서 해가 떠올랐어. 하늘에서 보는 일출이라니, 기분 좋은데?

캔버라 하늘을 나는 새 모양 열기구

이 지역에서는 공공기관을 제외한 3층 이상의 건물은 지을 수 없어.

도시가 온통 숲이에요!

어쩐지~ 높은 건물이 없더라!

왜 캔버라가 수도예요?

▶ 호주의 수도를 정할 때, 두 대도시인 시드니와 멜버른이 수도가 되기 위해 치열하게 경쟁을 벌였대. 그러다 두 도시의 중간 지점에 있는 캔버라가 타협안으로 수도가 되었지.

하늘에서 내려와 처음 찾아간 곳은 꽤 으리으리한 건물이었어.

음, 여기는 어떤 곳일까? 운동 경기가 열리는 운동장? 아니면 방송국?

"이곳은 호주 국회의사당이야.

호주의 국회의원들이 모여서 나랏일을 상의하지."

우아! 국회의사당이 이렇게 으리으리하다니!

국회의사당에는 어마어마하게 높은 국기 게양대도 있었는데,

높이가 무려 81미터나 된대. 세계에서 가장 높은 국기 게양대라지 뭐야?

캔버라에 오면 여기는 꼭 들른다던데, 이유를 알 것 같았어.

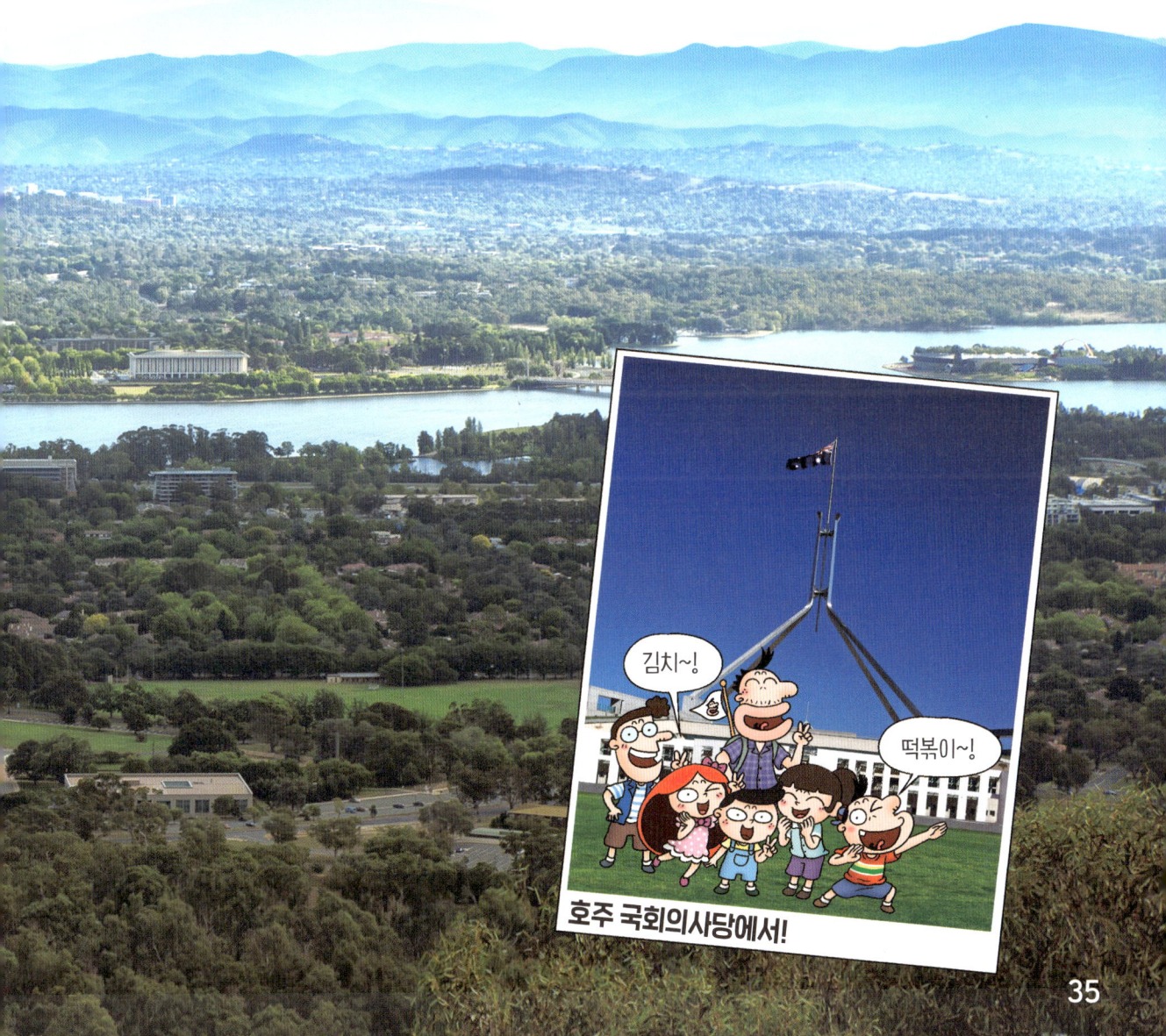

호주 국회의사당에서!

📍 캔버라를 남북으로 가르는 **벌리 그리핀 호수**

국회의사당을 떠나 조금 걸어가자 거대한 호수가 나타났어.
호숫가에는 넓은 공원이 있어서 사람들이 이곳저곳에서 쉬고 있었지.
"오늘은 이 호수에서 조금 쉬어 갈까~? 아니면 자전거 타고 빙 돌아볼래?"
앗, 정말요? 알고 보니 캔버라 사람들은 자전거 타는 걸 좋아한다지 뭐야.
우리는 자전거를 타고 호수를 빙 둘러보기로 했어. 왕수재, 거기 서라~!

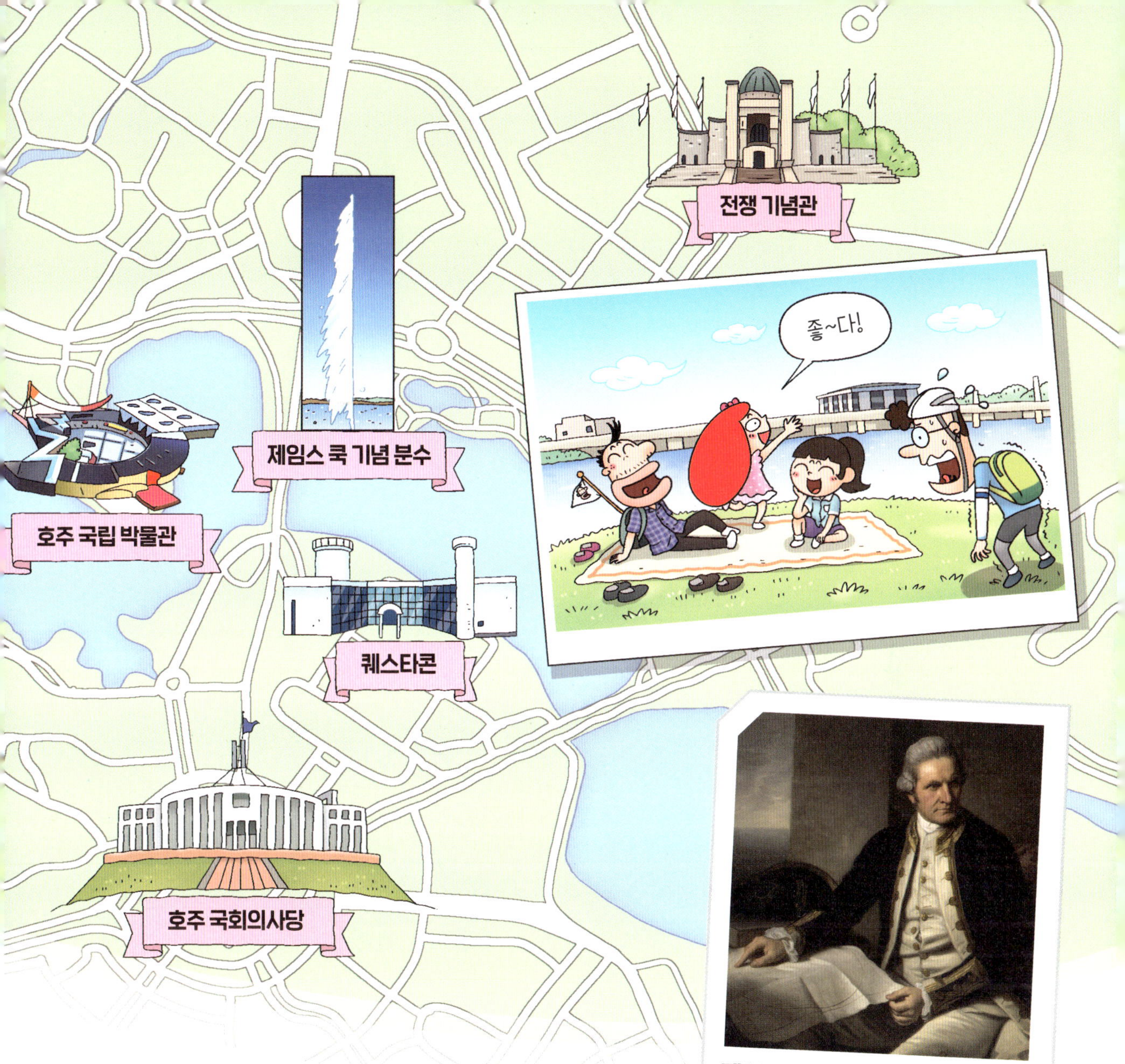

전쟁 기념관

제임스 쿡 기념 분수

호주 국립 박물관

퀘스타콘

호주 국회의사당

제임스 쿡 (1728년~1779년)

"형! 저기 좀 봐!"

자전거를 타던 두기가 갑자기 호수 한가운데를 가리켰어.

엄청나게 큰 분수가 하늘 높이 물을 쏘아 올리고 있지 뭐야?

물줄기가 어찌나 큰지 호수에 물보라가 일어날 지경이었지.

"대단하지? 캔버라 어디를 가나 저 분수를 볼 수 있어."

저건 영국인 탐험가 제임스 쿡을 기념하는 분수래. 높이가 무려 175미터!

제임스 쿡이 누구예요?

▶ 약 200여 년 전에 활동한 영국의 탐험가야. 주로 호주와 뉴질랜드, 태평양 일대를 탐험해서 숱한 발견을 했지.

"에헴~ 이제 드디어 박물관 관람 시~작!"

수재는 벌써 신났네. 캔버라에 있는 여러 박물관을 돌아보기로 했거든!

수재를 따라다녀 보니 의외로 재밌는 것도 많아.

호주 국립 박물관은 워낙 알록달록 화려해서 박물관이 아니라 꼭 미술 작품 같았고, 전쟁기념관은 너무나 웅장해서 저절로 입이 벌어질 정도였지.

가장 재밌던 건 과학관 '퀘스타콘'이었어!

여기에는 말하는 로봇도 있었다고~!

호주 국립 박물관 호주의 역사, 문화에 대한 전시품을 관람할 수 있어.

전쟁 기념관 전쟁에서 희생한 군인들을 기리는 곳이야. 호주는 한국전쟁, 제2차 세계 대전 등 여러 전쟁에 참전했어.

퀘스타콘 실제로 체험하며 과학의 원리를 배울 수 있는 과학관이야.

퀘스타콘의 로봇 인간 말하고 노래하는 지능형 로봇이야.

꼬르륵~ 으윽, 여기저기 구경하다 보니
배가 고프네. 선생님께서 간식을 꺼내셨어.
어디 보자, 저건 케이크고...
"이건 **베지마이트**야. 호주 사람들이
아주 좋아하는 잼이지."
베지마이트는 노란 통에 담긴 잼이었어.
음, 한 입 먹어봤는데... **으엑~** 이게 무슨 맛이람?
엄청나게 짠 데다가 냄새는 퀴퀴하고...
선생님, 저 그냥 케이크 먹을게요~
이건 안 되겠어요!

래밍턴

베지마이트

? 베지마이트가 그렇게 맛이 없어요?

▶ 조금 짠 편이라 처음에는 못 먹는 사람이 많지만, 먹다 보면 금방 적응돼. 몸에 좋은 야채로 만들어서 영양소도 풍부하대!

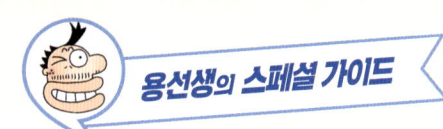 용선생의 스페셜 가이드

세상 둘도 없는 형님과 동생, 호주와 영국

호주는 원래 영국의 식민지였다가 1901년에 독립했어.
하지만 아직까지도 영국과 매우 친밀한 편이고, 문화적으로도 비슷한 점이 많단다.
그럼 호주와 영국이 어떤 식으로 관계를 맺고 있는지 알아볼까~?

호주 사람들의 뿌리는 영국?

호주는 여러 민족이 살아가는 다민족 국가지만, 그중에서도 가장 많은 수를 차지하고 있는 건 영국인의 후손이야.
호주는 영국에서 온 이민자들이 세운 나라거든. 영국에서도 특히 잉글랜드에 뿌리를 둔 사람들이 오늘날 호주 인구의 절반이 넘는대.

호주 국기에는 영국 국기가 있다?

호주 국기를 가만히 보면 왼쪽 위에 영국 국기 '유니언 잭'이 그려져 있는 걸 발견할 수 있어. 영국과 호주가 얼마나 친밀한 관계인지를 보여주지. 한때 영국의 식민지였다가 독립한 후에도 영국과 친하게 지내는 나라들이 이렇게 영국 국기를 자기 나라 국기에 그려 넣곤 한대. 호주 말고도 이웃한 뉴질랜드가 대표적이야.

호주 사람들이 좋아하는 영국 스포츠

호주 사람들이 특별히 좋아하는 스포츠도 대부분 영국 사람들과 겹친단다. 영국에서 시작된 스포츠인 '크리켓'은 영국과 호주 사람들 모두가 좋아하고, 테니스나 럭비 같은 스포츠에도 두 나라 모두 열광하지.

◀ 크리켓

호주에서 맛보는 영국 음식

심지어 호주 사람들이 좋아하는 음식도 영국과 크게 다르지 않아! 영국처럼 호주 사람들도 하루에도 몇 번씩 차를 마시고, 영국의 대표적인 요리 '피쉬 앤 칩스'는 호주에서도 그대로 맛볼 수 있는걸?

피쉬 앤 칩스 ▶

영어를 쓰는 호주 사람들

호주 사람들도 영국처럼 영어를 써. 그런데 미국 영어와 영국 영어가 다른 것처럼, 호주에도 호주만의 독특한 발음과 악센트가 있지! 'A'를 '아이'로 발음하는 게 대표적이야. 'Good day, mate! (반가워, 친구!)'를 '굿 다이, 마이트!'로 읽는 식이지.

숨은 인물 찾기

벌리 그리핀 호수에서 쉬는 사이에 아이들이 뿔뿔이 흩어졌네!
사람들 속에 숨어 있는 용선생과 아이들을 찾아보자!

나선애, 집으로 돌아가는 펭귄과 만나다!

플린더스 역 ▸ 소버린 힐 ▸ 그레이트 오션 로드 ▸ 필립 아일랜드

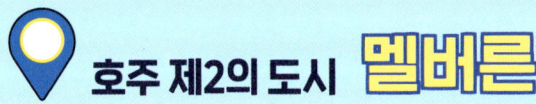

호주 제2의 도시 멜버른

호주 여행 네 번째 날, 멜버른에 도착했어! 멜버른은 호주에서 두 번째로 큰 도시지.

"와, 선생님! 저거 무슨 궁전 아닌가요?"

으이그, 방금 기차 타고 와서 저 역에서 내렸잖아~

여긴 멜버른의 상징으로 유명한 플린더스 역이래. 기차역치고는 화려하지?

옛날 영국이 호주를 지배할 때 세운 역이라고 해!

플린더스 역

와, 도로 위로 기차가 다녀요~!

호호, 이건 트램이라고 해~

빨간 트램은 멜버른의 상징이라고~!

플린더스 역은 엄청 오래돼 보이는데, 얼마나 오래되었나요?

▶ 플린더스 역은 1854년에 세워졌어. 무려 170년 가까이 됐지! 호주 최초의 기차가 출발한 유서 깊은 역이기도 하단다.

우리는 멜버른 시내를 오가는 트램을 타고 시내 곳곳을 구경 다녔어.
기차역과 가까운 시내에는 아주 오래된 건물들이 늘어선 거리가 많았는데,
바깥으로 갈수록 새로 지은 으리으리한 고층 빌딩이 나타나는 거 있지?

유유히 흐르는 강물과 함께~ 사우스게이트!

세계에서 네 번째로 높은 관람차 멜버른 스타!

조용하고 아늑한 쉼터~ 주립 도서관!

알록달록 길거리 낙서가 가득한 골목에서!

멜버른은 이렇게 오래된 거리와 새 건물을 함께 볼 수 있는 도시로 유명하대.
"영국의 영향으로 유럽의 오래된 도시처럼 보이기도 해~
그래서 '호주의 런던'이나 '호주의 파리' 같은 별명도 있단다!"
으흠, 그렇구나!

멜버른은 어떻게 이렇게 큰 도시로 성장했나요?

▶ 1850년대 들어 멜버른 인근에서 금광이 발견되며 무역항으로 급격히 발전했어. 멜버른은 지금도 호주에서 시드니 다음으로 큰 무역항이란다.

호주의 민속촌 소버린 힐

선생님이 재밌는 구경을 할 거라고 해서 멜버른을 벗어나 시외로 나왔어.
"자~ 이곳은 옛날 호주가 개발될 때의 모습을 재현한 마을이란다."
창밖으로 나무로 얼기설기 지은 옛 건물들이 보였어. 영화에서 본 것 같아!
가게에서도 옛날 옷을 입은 사람들이 물건을 팔고 있더라고~
알고 보니 호주로 금을 캐러 사람들이 몰려들던 골드러시 시절에 이런 마을이 생겨났대.

골드러시는 미국에서도 일어난 일이죠?

▶ 맞아! 1850년대 들어 미국 서부에서 금이 발견되면서 많은 사람이 몰려들었는데, 호주에서도 그 시기에 비슷한 일이 있었어. 두 사건 모두 '골드러시'라고 불러.

이 마을에서는 당시 사람들의 생활을 고스란히 체험할 수 있었어.
말이 끄는 마차도 타 보고~ 금을 캐던 광산도 들어가 보고!
"저기 강가에서 금을 직접 캐 볼 수 있대요! 얼른 가 봐요!"
영심이가 눈을 동그랗게 뜨고 소리쳤어. 뭐라고? 금이라고?!
여기서 금 좀 캐 가면 나도 부자가 될 수 있으려나~ 같이 가!

이렇게 강물에서 모래를 걸러 내면 금이 나온대~

형! 여기 뭔가 반짝거린다!

사금 채취 체험!

옛날 옷을 입고 찰칵~!

골드러시 때문에 호주가 많이 발전했나요?

▶ 1850년 40만 명이던 호주의 인구는 30년 후 220만 명을 넘겼어. 멜버른은 이 시기에 발전한 호주의 대표적인 도시란다.

자연이 빚은 절경 그레이트 오션 로드

"지금부터는 아름다운 해안을 보러 갈 거야~ 모두 준비됐니?"
자동차 운전대를 잡은 선생님이 히죽 웃으며 말했어.
우리가 갈 곳은 '그레이트 오션 로드'야.
거대한 바위와 절벽이 있는 바닷가인데,
풍경이 너무나도 아름다워서 '죽기 전에 꼭 가 봐야 할 곳'으로 소문이 자자하지!
우리는 모두 창밖 풍경에 시선을 집중하고 숨을 죽였어.

와! 마침내 눈앞에 엄청난 풍경이 나타났어!
해안을 따라 깎아지른 절벽이 끝도 없이 펼쳐져 있지 뭐야~
모래사장이 펼쳐진 바닷가에는 신기하게 생긴 바위들이 기둥처럼 박혀 있고,
그 사이로 파란색 바닷물이 쉴 새 없이 파도치고 있었어.
"호호. 얘들아~ 뭐라고 말 좀 해! 그러다 침 흘리겠다!"
운전을 하던 선생님이 우리를 힐끗 보고 웃으셨어. 정말 멋져요~ 선생님!

야생 동물을 볼 수 있는 **필립 아일랜드**

아름다운 풍경을 잔뜩 보니 먹지 않아도 배가 부른 기분이야~
선생님은 마지막으로 귀여운 동물들을 만나러 가자고 하셨어.
'**필립 아일랜드**'라는 섬에서 호주에 사는 여러 동물을 한꺼번에 볼 수 있다나?
"선생님! 저기 공원에 캥거루가 있어요!"
"와, 저거 물개 맞죠? 물개가 엄청나게 많아요~!"
섬에는 온갖 야생 동물들이 살고 있었어. 캥거루, 물개, 코알라······.

그런데 그중 내가 기대한 건 따로 있었어. 바로바로~ 펭! 귄!
호주에는 정말정말 작은 펭귄이 사는데, 바로 여기,
필립 아일랜드에서 저녁 무렵이면 집으로 돌아가는 펭귄을 볼 수 있대~
"어머나~ 정말 펭귄이에요! 엄청나게 작다!"
세상에, 뒤뚱뒤뚱 걸어서 집을 찾아가는 모습이 어찌나 귀엽던지~
소리라도 지르고 싶었지만, 펭귄이 겁을 먹는다고 해서 꾹 참았지.
헤헤, 행복하게 살아라~ 펭귄아!

호주에 사는 페어리 펭귄

호주에도 펭귄이 살아요?

▶ 응. 필립 아일랜드에는 세계에서 가장 작은 '페어리 펭귄'이 살아.
페어리 펭귄은 낮에는 바다로 사냥을 나갔다가 밤이면 집으로 돌아온대.

용선생의 스페셜 가이드

용선생과 호주 역사 한눈에 훑어보기!

호주는 유럽에서 온 이민자들이 만든 국가야. 역사는 우리보다 짧지만, 나름대로 파란만장한 시기를 거쳐 오늘날에 이르고 있지. 그럼 용선생과 함께 호주의 역사에 대해 짤막하게 알아볼까?

원주민의 시대 (기원전~1770년)

원주민인 **'애버리진'**이 살던 시기야. 애버리진은 호주 대륙에 널리 흩어져 살았는데, 동물을 사냥하거나 채집 생활을 했어. 농사를 짓거나 나라를 세우지는 못했지.

유럽인의 발길이 닿다 (1606년~1788년)

1606년, 남태평양을 탐험하던 유럽 사람이 처음으로 호주에 도착했어. 하지만 쓸모없는 황무지로 생각해서 한동안은 큰 관심을 보이지 않았지. 그러다 1770년에 영국의 **'제임스 쿡'** 선장이 본격적인 탐색에 나선 이후 영국의 식민지가 되었단다.

죄수들이 일군 식민지 (1788년~1851년)

호주는 유럽에서 너무나 멀었어. 그래서 영국은 범죄를 저지른 죄수들을 호주에 보내기로 마음먹었지. 1788년, 약 700명의 이민자가 도착하면서 본격적인 호주 개발이 시작됐고 이후 1851년까지 **16만 명이나 되는 죄수들**이 호주에 도착했어. 호주의 역사는 죄수들의 손에서 시작된 거야.

금이 발견되다 (1851년~1901년)

1851년, 호주 남부에서 금광이 연달아 발견됐어. 호주에 가면 큰돈을 벌 수 있다는 소문이 퍼지자, 곧 유럽은 물론이고 중국과 미국에서도 많은 사람이 호주로 이민을 왔지. 이 사건이 **골드러시**야. 골드러시 이후로 호주는 크게 성장했어. 하지만 인종적으로 아시아인이 늘어나며 인종 차별도 극심해졌단다. 한때는 백인만 이민자로 받아들이기도 했는데, 이걸 **백호주의**라고 해.

독립을 이루다 (1901년)

인구가 점점 늘자 호주 사람들은 영국으로부터 벗어나 독립을 꿈꾸게 되었어. 영국도 머나먼 호주를 직접 관리하기가 어려워 자치권을 주고자 했지. 1823년에 몇몇 주가 처음 자치권을 얻었고, **1901년에는 호주가 정식으로 독립**하기에 이르렀단다.

세계적인 강국이 되다 (1901년~ 오늘날)

독립을 이룬 호주는 발전을 거듭했어. 가까운 아시아에서 적극적으로 이민을 받아들였고, 풍부한 지하자원을 수출해서 경제도 크게 발전했지. 오늘날 호주는 세계에서 빼놓을 수 없는 경제 강국으로 확실히 자리를 잡았단다.

미로 찾기

겁이 많은 아기 펭귄이 가족들을 잃어버렸대~
펭귄을 도와서 가족한테 가는 길을 찾아주자!

5일

장하다, 태즈매니아에서 죄수 유령을 만나다!?

태즈매니아 드라이브 ▸ 호바트 ▸ 포트 아서

태즈매니아

대자연을 품은 거대한 섬 **태즈매니아**

아후, 새벽에 일어났더니 눈이 자꾸 감겨~ 그래도 바다를 보니 기분이 좋은걸?

우리는 배를 타고 호주에서 제일 남쪽에 있는 섬, '태즈매니아'로 가고 있어.

태즈매니아는 아름다운 자연 풍경과 신비한 동물들로 유명한 곳이래.

"우리나라로 치면 제주도쯤 되나요?"

수재의 질문에 선생님이 히죽 웃었어.

"하하, 비슷하지만 태즈매니아가 훨씬 커. 제주도보다 30배는 더 클걸?"

으악, 정말요? 무슨 섬이 그렇게 크담!

뿌우웅

한참 가야 하니까 추우면 들어가자~!

기침은 저쪽 보고 해~

내 품격에 걸맞은 아름다운 항해야~

 **태즈매니아는 얼마나 큰가요?**

▶ 총면적은 약 6만 8천 제곱킬로미터 정도야. 호주와 비교하면 작아 보이지만 우리나라 전체 면적의 70퍼센트 정도나 되는 큰 섬이지.

우리는 자동차를 타고 태즈매니아 이곳저곳을 골고루 돌아보기로 했어.

부릉부릉~ 신난다! 와, 그런데 무슨 길이 이렇게 꼬불꼬불하담?

게다가 우리 말고는 돌아다니는 차도 거의 없잖아? 헐~

"태즈매니아는 인구가 매우 적은 곳이야. 그만큼 자연이 잘 보존돼 있지!"

세상에, 태즈매니아의 약 절반이 국립공원,

세계유산으로 지정됐대.

얼마나 멋진 곳인지 정말 기대되는걸?

태즈매니아에서 제일 큰 국립공원, 사우스웨스트

저 표지판은 무슨 뜻이에요?

그야 캥거루를 주의 하란 뜻이지~!

너한테 안 물어 봤거든~?

흐흐, 싸우지 마 얘들아~!

부 아 아 앙

캥거루 때문에 교통사고도 많이 나나요?

▶ 응. 호주에서는 갑자기 길로 뛰어드는 캥거루 때문에 사고가 굉장히 많이 나. 호주 교통사고의 절반 이상이 야생동물 때문에 발생한대.

선생님 말대로, 아름다운 풍경을 셀 수 없이 볼 수 있었어.
"하다 형~! 저기 양떼가 있어!"
정말이네? 엄청 넓은 들판 위로 양떼가 풀을 뜯는 모습이 보였지.
멀리 산마다 아주 오래된 나무들이 우거져 울창한 숲을 이루었고,
호수는 깊이를 알 수 없을 정도로 새파란 빛을 냈어. 물도 정말 맑아!
"대자연 속으로 들어왔네요~ 신기해!"

태즈매니아의 중심 도시 **호바트**

한참을 달린 끝에 '호바트'라는 도시에 도착했어.
호바트는 태즈매니아에서 제일 큰 도시래.
히히, 마침 배가 고프던 참이라, 우리는 바다가 잘 보이는 식당을 찾아서 바깥쪽에 자리를 잡았어.
"야, 그만 먹고 경치 좀 봐~ 저기 바다 너무 예쁘잖아!"
냠냠~ 가만히 있어 보라고! 금강산도 식후경이지~!

항구 도시 호바트 전경

호바트는 어떤 도시인가요?
▶ 호주에서 시드니 다음으로 오래된 도시야. 항구를 중심으로 발전했지. 오늘날 태즈매니아의 정치, 경제, 문화의 중심지로 알려져 있어.

감옥에서 관광 명소로 변신한 포트 아서

맛있게 식사를 하고 태즈매니아의 최남단 도시, 포트 아서에 갔어.
포트 아서에는 무너지고 허물어진 건물이 유난히 많았지.
"풍경이 쓸쓸해 보이지? 여기는 원래 감옥으로 쓰이던 곳이란다."
헉! 선생님 말로는 옛날에 멀리 영국에서 온 죄수들이 여기 갇혀 있었대.
살아서는 절대 나갈 수 없는 감옥으로 유명했다고 하더라.
폐허가 된 감옥에는 아직도 억울하게 죽은 사람들이 귀신이 되어 나오는데,
밤이 되면 그런 곳만 골라서 찾아가는 '고스트 투어'가 열린다지 뭐야!

- 이곳은 47년 동안이나 감옥으로 쓰였단다. 죄수 중에는 어린이도 있었지.
- 정말 귀신이 찍힌 사진도 있대!
- 헹, 세상에 귀신이 어디 있어?
- 오늘 귀신과 담판을 짓고야 말겠어!!
- 진짜 귀신이라도 나오면 어떡해요…?

아이들도 감옥에 갔어요?
▶ 옛날 영국에서는 7살만 넘으면 법에 따라 처벌을 받았어. 9살 어린이가 시장에서 손수건을 훔쳤다는 이유로 호주까지 와서 감옥살이를 한 경우도 있었대.

"자, 모두들 모이셨나요? 그럼 고스트 투어를 시작합니다!"
해가 지고, 등불을 든 가이드 아저씨가 속삭이듯 말했어.
우리는 서로 손을 꼭 잡고 아저씨의 안내를 따라 곳곳을 돌아다녔지.
사형장으로 쓰이던 느티나무, 귀신이 나온다는 교회, 죄수들이 갇혀 있던 감방….
"으아악! 저기 뭐가 나타났어요!"
아 깜짝, 수재야! 화장실 갔다 오는 선생님이잖아~

정말 귀신이 나와요? ▶ 귀신이 찍혔다는 사진이 전시돼 있긴 해. 하지만 어디까지나 믿거나 말거나~!

용선생의 스페셜 가이드

태즈매니아 사람들은 어디로 갔을까?

유럽인의 손길이 닿기 전, 태즈매니아에는 원주민이 1만 명이나 있었어.
게다가 태즈매니아에만 사는 동식물도 꽤나 많았지.
하지만 오늘날 태즈매니아 원주민은 모두 사라졌고,
태즈매니아에만 사는 동식물도 대부분 멸종 위기에 처해 있단다.
태즈매니아에는 과연 어떤 일이 있었던 걸까?
아이들이 조사해 왔대! 함께 살펴보자!

태즈매니아인은 어디에서 왔을까?

지구가 마지막 빙하기를 지날 때엔 지금보다 바닷물 수위가 낮았어. 그래서 당시 태즈매니아는 섬이 아니라, 호주 본토와 연결된 땅이었대. 태즈매니아 원주민들은 이때 **호주 본토에서 태즈매니아로 건너왔지.** 이들은 동물을 사냥하거나 채집 생활을 하며 태즈매니아에서 1만 년을 지내 왔어.

사라진 태즈매니아인

시간이 흘러 호주는 영국의 식민지가 되었어. 영국인들은 **태즈매니아의 원주민들을 모조리 없애기로 했어.** 태즈매니아를 차지하는 데 방해가 됐기 때문이지!
영국인들은 섬을 샅샅이 뒤져 모든 원주민을 잡아들였대. 이 과정에서 수많은 원주민이 목숨을 잃었고, 결국 1876년에 최후의 원주민이 사망하며 태즈매니아 원주민은 완전히 사라졌어.

멸종된 주머니늑대

주머니늑대는 꼭 캥거루처럼 **뱃속의 주머니에 새끼를 넣어서 키우던 늑대야.** 원래는 호주 대륙에 널리 퍼져 살았는데, 유럽인들은 주머니늑대를 보이는 족족 사냥했어. 양을 해친다는 이유였지!
주머니늑대는 차츰 수가 줄어들다가 결국엔 태즈매니아 섬에만 살게 되었단다. 그러나 이곳에서도 끊임없이 사냥 당한 끝에 1936년 완전히 멸종하고 말았어.

이건, 컴퓨터로 주머니늑대의 모습을 복원한 거야.

태즈매니아의 상징, 태즈매니안 데블

가슴에 하얀 무늬가 있어서 작은 반달가슴곰처럼 생겼지. **태즈매니아에만 사는 동물**이야. 야생에서는 주로 죽은 동물의 시체를 먹어서 없애는 청소부 역할을 해. 캥거루처럼 뱃속에 새끼를 넣어서 키우는 동물로도 잘 알려져 있어.
태즈매니안 데블은 최근 희귀한 전염병이 퍼지는 바람에 멸종 위기에 몰렸단다. 현재 1만 마리 정도가 살아있는데, 그 수가 계속 줄어들고 있대.

태즈매니안 데블은 육식동물이고 성격도 사나워~

워워~

숨은 그림 찾기

고스트 투어를 끝내고 단체 사진을 찍었어.
그런데 자세히 보니 사진 곳곳에 귀신들이 찍혔지 뭐야!
모두 여섯 곳이야. 함께 찾아볼까?

왕수재, 꿀렁꿀렁 파도치는 바위 앞에 서다!

퍼스

● 퍼스 시내 ▶ ● 웨이브록 ▶ ● 피너클스 사막

 호주 서부에서 가장 큰 도시 퍼스

"무슨 비행기를 이렇게 오래 타요? 이제 다른 나라로 가는 거예요?"

자다 깬 장하다가 뒷머리를 긁으며 선생님께 물었어.

쯧쯧. 호주가 얼마나 큰 나라인지 아직도 모르는구나?

우리는 지금 호주의 서쪽 끝에 있는 '퍼스'라는 도시로 가는 중이라고.

비행기를 타도 4시간이 넘게 걸리지만 어쨌든 여기도 호주라는 말씀!

퍼스의 상징 벨 타워

우주를 상징하는 조형물 스판다

드디어 퍼스에 도착! 살랑살랑 불어오는 바닷바람이 코끝을 스쳤어!
퍼스의 길거리는 무척이나 깨끗했지. 여기저기 공원도 많고,
하늘을 찌를 듯 높이 솟은 빌딩들도 눈에 띄었어.
음, 그런데 이 동네에는 유독 동남아시아 음식점이 많이 보이네?
"흐흐. 퍼스는 말레이시아 같은 동남아시아 국가랑 가깝거든."
아하, 그렇구나? 이 도시에는 동남아시아에서 찾아온 유학생도 많대!

 퍼스는 날씨가 어때요?
▶ 퍼스는 지중해성 기후라서 여름은 덥고 건조해. 겨울은 비교적 따뜻하고 비가 자주 내리지. 따뜻한 기후 덕분에 포도가 잘 자라서 포도주 생산량이 많아. 호주는 포도주를 많이 생산하는 10대 국가 중 하나로 알려져 있단다.

파도처럼 생긴 **웨이브록**

우아! 내가 지금 뭘 보고 있는 거지?

거대한 바위가 금방이라도 쏟아져 내릴 것처럼 하늘로 크게 휘어져 있잖아?

꼭 바위가 파도라도 치고 있는 것 같았어.

"신기하지? 이 바위는 '**웨이브록**'이라고 부른단다."

이 바위는 바람에 거의 27억 년 가까이 깎이고 쌓여서 만들어진 거래.

그래서 가까이에서 보면 지층*도 선명하게 볼 수 있다더라.

* 모래나 흙 등이 오랜 세월에 걸쳐 쌓이면서 층을 이룬 것

주변에는 바위 가까이에서 사진을 찍으려는 사람들이 많았어.

"이 바위 꼭 시루떡 같아요~ 신기하다!"

으이그, 장하다 너는 여기서도 먹을 것부터 찾는구나!

웨이브록은 크기가 얼마나 되나요?

▶ 웨이브록은 전체가 하나의 바위인데, 높이는 15미터, 길이는 110미터나 돼. 자연의 신비가 정말 놀랍지?

다른 행성에 온 듯한 **피너클스 사막**

"선생님, 이건 또 뭔가요? 누가 일부러 세워놓은 거예요?"

눈앞의 풍경에 어리둥절했어. 거대한 사막 곳곳에 삐죽삐죽한 돌들이 **수없이 세워져 있었거든**. 크기도 무척이나 다양했어. 작은 돌무더기부터 엄청나게 큰 바위까지!

바위가 어찌나 많은지 하나씩 세다가 숨이 넘어갈 지경이었지.

"여기는 **피너클스 사막**이야. 이 바위를 **피너클**이라고 부른단다."

알고 보니 이 바위들도 자연이 만들어낸 거래.

땅속의 석회암이 오랜 세월 물에 녹으면서 단단한 부분만 남고,

이렇게 뾰족뾰족한 바위 모양이 된 거지. 세상에! 꼭 화성에 온 것 같아!

"서호주는 호주에서도 사람이 가장 적은 곳이야.

그래서 이런 풍경이 잘 보존된 거란다."

이곳은 주변에 불빛이 없어서 밤이 되면 별도 잘 보인대.

앗, 오늘 밤에 은하수 구경할까!?

피너클스 사막에서 관찰한 은하수

? 피너클스 사막에는 볼거리가 신기한 돌밖에 없나요?

▶ 아니~! 매년 봄이면 (호주는 9월에서 11월까지가 봄이야!) 지천으로 피는 야생화가 유명하고, 밤이면 맑은 하늘에서 아름다운 은하수를 관찰할 수 있는 곳으로도 유명해!

용선생의 스페셜 가이드

서호주의 다양한 볼거리

시드니나 멜버른, 캔버라 등 대도시가 모여 있는 호주 동부와는 달리 호주 서부는 퍼스 외에는 이렇다 할 대도시가 없어. 인구도 훨씬 적지. 하지만 감탄이 절로 나오는 멋진 자연이 무궁무진하단다. 이 용선생이 오늘 미처 살펴보지 못한 볼거리들까지 꼼꼼히 알려줄게!

◀ 샤크베이

서호주에 있는 길이 150킬로미터의 해안이야. 독특한 지형과 생물들 덕에 **유네스코 세계 자연유산**에 오른 곳이지. '몽키 마이아'라는 해변에는 야생 돌고래가 몰려드는데, 직접 먹이를 주는 체험을 할 수 있대. 그리고 역사가 35억 년이나 된 고대 화석 **'스트로마톨라이트'**도 볼 수 있어!

평범한 바위 같지만 고대의 '남조류'란 생물이 남긴 화석이야!

돌고래에게 먹이 주기!

스트로마톨라이트

로트네스트섬 ▶

퍼스에서 배로 1시간 정도 거리에 떨어져 있는 무인도야. **아름다운 해변과 다양한 동물이 사는 곳**으로 잘 알려져 있지. 환경 보호를 위해 자동차 대신 자전거만 타고 움직여야 해. 이 섬에는 몹시 다양한 동물들이 사는데, 그중에서도 특히 작고 귀여운 **'쿼카'**라는 동물이 유명해!

꾸?

귀여워~~~!

귀여운 쿼카!

하늘로 가는 계단

매달 딱 3일 정도만 볼 수 있다고~

◀ 브룸

서호주 북쪽 끝에 위치한 도시야. 특히 **노을 질 때 해변이 무척이나 아름답기로** 유명하지. 낙타를 타고 해변을 거닐 수 있어. 최근에는 밤바다에 비친 달빛을 보러 많은 사람이 모여든단다. 바다에 비친 달빛이 마치 계단처럼 보여서 **'하늘로 가는 계단'**이라 부르기도 해.

우리밖에 없네요?

부우우웅

벙글벙글 ▲

호주 북서부, **킴벌리 고원에 있는 암석지대**야. 갈색과 오렌지색의 모래가 수억 년 동안 쌓여 바위를 이룬 뒤 바람과 물에 깎여서 만들어졌지. 색색의 지층이 산을 이룬 모습이 한번 보면 잊기 힘들 만큼 기묘해. 벙글벙글은 세상에 알려진 지 30여 년밖에 되지 않았어. 주변엔 사람 사는 마을도 없고 길도 제대로 뚫리지 않아서 무척 찾아가기 힘들대!

호주로 오세요~!

벙글벙글 / 브룸 / 샤크베이 / 로트네스트섬 / 퍼스

다른 그림 찾기

선생님과 숨바꼭질을 마친 후 기념사진 찰칵!
어라, 그런데 두 장 사진에 다른 부분이 보이네~
모두 일곱 군데야. 함께 찾아보자!

나선애, 4만 년 된 암각화를 발견하다!

카카두 국립공원

📍 적도와 가까운 열대 도시 다윈

또다시 비행기를 타고 몇 시간이나 날아왔어. 휴! 호주는 정말 넓구나.

우리가 도착한 곳은 호주의 북쪽 끝에 있는 도시, 다윈!

"선생니임~ 여기는 왜 이렇게 더워요?"

그러게! 푹푹 찌는 열기가 단숨에 온몸을 휘감아서 정말 죽을 맛이었어. 덥다, 더워!

"흐흐. 다윈은 적도와 가까운 열대 지역이라서 그래~ 물 좀 마시렴!"

다윈은 호주의 다른 도시와는 기후가 다른가요?

▶ 적도 근처에 있는 다윈은 가까운 말레이시아, 인도네시아와 기후가 비슷해. 한겨울도 춥지 않고, 건기와 우기가 뚜렷하지. 이런 기후를 열대 사바나 기후라고 해.

다윈은 작고 아름다운 도시였어. 특히 바다가 어찌나 예쁘던지~!

우리가 들른 해변에는 커다란 시장도 있었어. 사람들이 구름처럼 많더라?

한 켠에는 먹을 걸 파는 푸드 트럭도 왕창 몰려 있었지.

"앗, 저기 쌀국수다! 우리 쌀국수 먹자!"

재밌는 건 도시 곳곳에 동남아시아 음식을 파는 곳이 정말 많다는 거야.

"다윈은 어제 갔던 퍼스보다 동남아시아와 훨씬 가깝단다."

그나저나 먹을 걸 사온다던 장하다는 왜 이렇게 안 와~ 배고프다고!

다윈에서는 어떤 음식이 유명해요?

▶ 다윈은 동남아시아와 가깝다 보니 동남아시아에서 온 이민자들이 많이 살아. 그래서 쌀국수 같은 동남아시아 음식을 쉽게 맛볼 수 있고, 맛도 좋은 편이란다.

경상북도보다 넓은 **카카두 국립공원**

이제 다윈 근처에 있는 '카카두 국립공원'을 찾아가기로 했어.
오랜 시간 사람의 손이 닿지 않은 열대 우림과 초원이 끝도 없이 펼쳐진 곳이래.
우리는 탐험용 지프차로 갈아타고 울퉁불퉁한 도로를 달렸어.
오래 지나지 않아 멋진 풍경이 눈앞에 쫙 펼쳐졌지. 거대한 폭포, 울창한 숲….
먼 곳까지 까마득하게 펼쳐진 녹색 초원을 내려다보니 가슴이 뻥 뚫리더라!

"선생님! 저기에 낙서 같은 게 보여요!"

두기가 손가락으로 한쪽을 가리키며 말했어. 정말이네?

"하하, 저건 낙서가 아니야.

호주의 원주민인 '애버리진'이 남긴 벽화란다."

선생님은 저 벽화가 그려진 지 벌써 수만 년이나 지난 거라고 하셨어.

동굴 벽에 그린 벽화가 그렇게 오랜 세월 동안이나 남아 있다니…….

에헴, 이런 곳을 그냥 지나갈 순 없지. 얘들아, 사진 부탁해!

아넴 랜드

호주 북부에 자리한 원주민 자치 구역.
멀리 보이는 초원이 아넴 랜드의 일부란다.
정부의 허가를 받아야 들어갈 수 있어.

그려진 지 4만 년은 지난 벽화라고 하는구나!

음, 이건 사람을 그린 건가…?

카카두 국립공원은 얼마나 넓은가요?

▶ 카카두 국립공원의 넓이는 약 2만 제곱킬로미터로, 우리나라의 경상북도보다 더 넓어. 세계에서 세 번째로 넓은 국립공원이래.

 자연이 살아있는 **옐로 워터**

지금부터 배를 타고 강을 거슬러 올라갈 거야. 신난다~

안개가 짙게 낀 강가에는 풀이 무성했고, 야생 동물이 정말 많았어.

우린 물을 마시러 온 들소, 떼 지어 날아다니는 물새들도 보았지.

꼭 텔레비전 속으로 들어온 느낌이야!

"저기 봐! 악어가 있어!"

으악! 늪지대의 물 위로 얼굴만 띄우고 있는 악어도 있었어.

하다 네가 소리 지르는 바람에 이쪽을 보잖아, 어쩔 거야~!

용선생의 스페셜 가이드

호주의 원주민, 애버리진은 누구인가?

호주에는 유럽인이 오기 수만 년 전부터 터를 잡고 살아온
원주민이 있어. 이들을 '애버리진'이라고 불러.
오늘날 호주 인구의 약 3퍼센트를 차지한대.
용선생과 함께 애버리진에 대한
궁금증을 하나하나 풀어볼까?

애버리진은 어떤 사람들인가요?

약 5만 년 전부터 호주에서 살았던 원주민이야.
피부가 가무잡잡하고 키도 작은 편이지.
언뜻 보면 아프리카의 흑인과 닮은 것 같지만
유전자를 분석해 보면 아프리카
사람들과는 많이 다르대.
머리색도 갈색이나 금색이 많아.

▲ 애버리진 가족

애버리진은 어떤 생활을 했나요?

주로 따뜻한 해안가에 살면서 동물을 사냥하거나
나무 열매를 채집하며 살았어. 유럽인들이
들어왔을 때는 약 500여 부족, 30만 명 정도가
호주 곳곳에 뿌리를 내리고 있었다고 해. 호주가
유럽인들의 지배를 받게 된 이후로는
심한 인종 차별을 받으며
힘들게 살아왔지.

애버리진에게는 어떤 문화가 있는지 궁금해요!

부메랑 – 애버리진이 창이나 활 대신 사용하던 무기야. 휘어진 나무 조각인데, 무서운 속도로 아주 먼 곳까지 던질 수 있었지. 던지면 다시 돌아오는 성질을 이용해 장난감으로도 개발됐지!

디저리두 – 애버리진의 전통 악기야. 흰개미가 파먹어서 속이 빈 나무 관으로 만들어. 애버리진은 제사를 지낼 때 이 악기를 쓰는데, 특이하게도 남자들만 연주할 수 있대.

애버리진 아트 – 애버리진은 그림을 그릴 때 작은 점을 촘촘히 찍어서 사물을 표현해. 독특한 색감과 다양한 기호가 신기해서 사랑을 받는단다. 요즘은 그림을 그려서 전시도 하고, 판매도 한대.

호주에 가면 애버리진을 만날 수 있나요?

▲ 애버리진 권리 보장을 위한 시위

애버리진을 쉽게 만나긴 어려워. 시드니나 멜버른 같은 대도시에는 거의 없고, 다윈을 비롯한 북부에 많은 편이지. 하지만 백인들에게 오랜 세월 차별을 받다 보니 경제적으로 어렵게 사는 사람들이 많단다. 요즘은 호주 정부에서도 애버리진의 생활을 더 낫게 만들기 위해 많은 노력을 하고 있대.

알맞은 퍼즐 찾기

애버리진 전통 문양으로 그린 그림 퍼즐을 하나 샀어~
퍼즐 조각 하나가 빠졌는데 도통 어떤 건지 찾질 못하겠네!
빈칸에 알맞은 퍼즐 하나를 찾아보자!

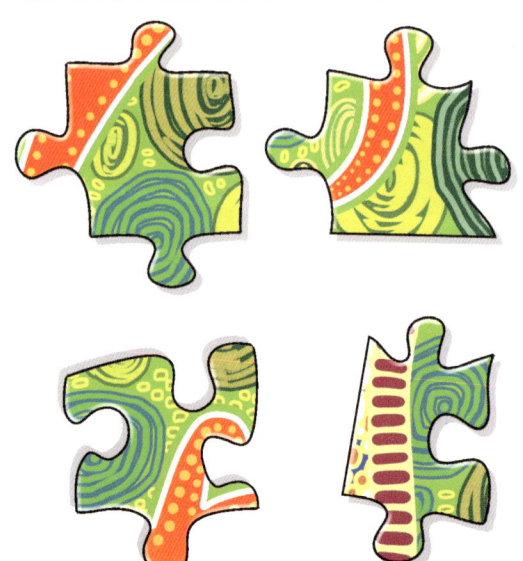

난 벌써 찾았는데~♬

왕수재, 지구의 배꼽에서 아침을 맞다!

울루루

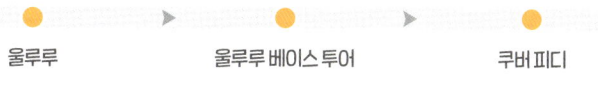

울루루 · 울루루 베이스 투어 · 쿠버 피디

지구의 배꼽 울루루

아우! 졸려. 지금은 새벽 다섯 시! 우리는 해가 뜨길 기다리는 중이야.
오늘은 정말 멋진 해돋이를 볼 거라고 하셨거든.
그나저나 이른 시간이라 그런지 좀 춥네! 몸이 으슬으슬 떨려 와.
어두컴컴한 하늘에서는 별이 빛났고,
멀리 지평선 위로는 거대한 산이 우뚝 놓여 있었어.
"와~ 드디어 해가 뜬다~!"

일찍 일어난 보람이 있지?

너무 아름답다~

영심아, 여기 봐~

어둠 저편으로 밝게 빛나는 해가 떠올랐어. 해를 맞아 찬란하게 빛나는 바위산의 모습이 너무 멋져서 감탄이 저절로 나왔지!
"얘들아, 멋지지? 저 바위는 울루루라고 해. 세계에서 제일 큰 바위란다."
선생님이 그러는데, 저건 산이 아니라 한 덩어리로 이루어진 바위래. 헐!
워낙 거대해서 '지구의 배꼽'이라는 별명도 있다지 뭐야!
우리는 아침 햇살을 받아 빛나는 울루루를 한참이나 바라보고 있었어.
말 많은 장하다도 이 순간에는 조용하네! 음... 야, 너 자냐?

하늘에서 바라본 울루루

저 바위는 햇빛을 받으면 시간별로 색이 변한대~

드르렁~

울루루는 얼마나 큰 바위인가요?

▶ 울루루의 높이는 348미터, 둘레는 9.4킬로미터나 돼. 높이는 60층 건물보다도 높고, 걸어서 한 바퀴를 돌려면 서너 시간은 걸릴 정도야. 놀라운 건 이 바위의 대부분은 땅속에 묻혀 있다는 사실!

우리는 걸어서 울루루를 한 바퀴 돌아보기로 했어.

모두 돌아보려면 시간이 제법 걸린다고 해서 준비도 단단히 했지.

"우리에게 울루루는 매우 의미가 깊은 곳이랍니다."

수염을 길게 기른 원주민 할아버지가 우리를 안내해 주면서 말했어.

원주민들은 울루루를 신성한 곳으로 생각해서 함부로 가까이 가지 않는대.

울루루 곳곳에는 원주민들이 남긴

벽화도 있고, 동굴집도 있었어.

여기는 우리 조상들이 살았던 동굴이에요!

와, 이런 곳에서 살았다고요?

울루루라고~!

영어로는 '에어즈록'이라고도 부르지~

그러니까 여기 이름이… 울랄라?

원주민들은 이 바위에 지구의 신성한 영혼이 깃들어 있다고 생각하거든!

선생님, 여기가 왜 의미가 깊은 거예요?

자, 지금부터 갈 곳은…

울루루에 올라가 볼 순 없나요?

▶ 원래는 올라갈 수 있었지만, 관광객이 올라가다가 떨어져 다치는 등 사고가 잦아서 2019년부터 금지됐어. 사실 울루루를 신성시하는 원주민들은 줄곧 관광객의 출입 금지를 바라왔지.

굴을 파서 지은 교회

📍 마을로 변한 광산 쿠버 피디

"오잉~? 여기는 또 어디예요?"

우리는 울루루를 떠나 **쿠버 피디**란 마을에 왔어! 그런데… 마을 모습이 이게 뭐람? 붉은색 흙밖에 안 보이는데, 이게 사람들이 사는 집이라고 하네.

"신기하지? 뜨거운 태양을 피해서 땅속에 살고 있는 거야."

헐, 아무리 더워도 그렇지 땅속에 집을 짓는다고요~?

그런데 알고 보니 그럴 만한 이유가 있었어. 이 마을은 원래 광산으로 유명했대!

 날씨가 얼마나 덥길래 땅속에 살아요?

▶ 쿠버 피디는 사막 기후야. 일교차가 커서 낮은 무척 뜨겁고, 밤은 아주 추워. 그래서 단열이 잘 되는 땅속에 사는 거야.

특히 오팔*이 엄청나게 나와서, 마을 곳곳에 오팔 광산이 가득했다지 뭐야.

*여러 빛깔로 화려하게 빛나는 것으로 유명한 보석

그렇게 땅을 파서 만든 광산을 개조해 집으로 만들었던 거지!

우리는 실제 광산도 둘러봤어. 광부들이 일하는 굴은 엄청 좁더라고!

"이곳에서는 아직도 오팔을 캐는 중이란다.

운이 좋으면 오팔을 챙겨갈 수도 있어!"

와, 진짜예요? 좋아, 이 왕수재님만 믿으라고~!

아름답게 빛나는 오팔

오팔로 만든 장신구

자자, 얘들아 너무 멀리 가진 말고~

선생님! 여기 반짝이는 게 있어요!

두기야, 그건 전구잖아~

어라, 여기도 반짝이는 게…?

보석이 그런 데 있겠냐~? 헹!

먼지가 엄청 많네~

오팔이 얼마나 많이 나왔나요?

▶ 한때는 전 세계 오팔의 70퍼센트가 이 마을에서 생산됐다고 해. 대단하지?

꼬르륵~! 보석은 보이지도 않는데 배만 고프네!
광산 밖으로 나오니 선생님이 모닥불을 피워 놓고
우리를 기다리고 있었지.
"배고프지? 자, 옛날 호주 사람들이 먹던 빵이야."
선생님은 모닥불에 따끈하게 구워 낸 빵과
음료수를 간식으로 건네주셨어.
빵은 '댐퍼', 음료수는 '빌리 티'라고 부른대.
음~ 갓 구워서 그런지 맛있네!

잼을 바른 댐퍼 빵

댐퍼 빵과 빌리 티는 어떻게 만들어요?

▶ 댐퍼 빵은 소다를 넣어 반죽한 밀가루를 모닥불에 은근하게 구워서 만들어. 빌리 티는 야외용 화로 위에 찜통을 얹은 뒤 잎차 등을 끓여서 만들지. 둘 다 야외에서 간단히 먹는 호주 전통 음식이야.

 용선생의 스페셜 가이드

호주의 절반, 아웃백 여행하기

호주는 정말 큰 나라지만, 영토 대부분은 사람이 살기 힘든 사막이야. 호주의 절반이 넘는 이 황무지를 아웃백이라고 부르지. 용선생과 아이들이 아웃백을 여행하며 본 풍경을 SNS에 올렸다는데, 함께 구경해 볼까?

끝없는 황무지를 지나고~

이게 벌써 몇 시간째인지! 창밖으로는 끝없는 황무지만 보인다. 아웃백은 엄청 넓다. **가까운 도시에 가려면 차로 하루 종일 걸릴 정도!** 심지어 주변을 지나는 다른 자동차도 보이질 않는다~ 사람이 정말 없구나! 가끔 만나는 동물들 아니면 너무 외로웠을 거 같다. 캥거루야 반갑다~ ㅠㅠ

#아웃백 #대초원 #끝없는사막 #캥거루 #딩고 #드론샷

 좋아요　　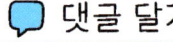 댓글 달기　　공유하기

소와 양이 한가득!
즐거운 아웃백 여행~ 우리는 소와 양을 키우는 목장을 지나고 있다.
아웃백에서는 **지하수를 끌어올려서** 농사를 짓고, 소에게 물도 준다고 한다.
어휴, 무슨 소가 이렇게나 많은지! 무려 2,900만 마리나 된다고~!
호주 인구가 2,500만 명이니까 사람보다 소가 더 많은 셈이다! 헐!
양도 정말 많이 키워서, 호주는 **세계적인 양모 수출국**으로 유명하다고 했다.
호주가 세계 양모 생산의 약 20퍼센트를 차지한다나?
#아웃백 #끝없는초원 #끝없는양떼 #호주산소고기 #맛있겠다

 좋아요 댓글 달기 공유하기

원격 수업 하는 학교, 하늘을 나는 의사!
우리는 아웃백 한가운데에 있는 조그만 마을에 도착했다.
여기엔 특이한 학교가 있었다. 원격으로 수업을 하는 **방송통신학교**!
먼 곳에 사는 아이들이 일일이 학교에 올 수 없으니, **원격 수업**을 하는 거다.
또 위급한 사람이 생기면 의사가 타고 출동하는 **비행기 병원**도 있었다.
이 황량한 곳에서도 병원이나 학교에 갈 수 있다니, 대단해!
#아웃백 #생방송중 #방송통신학교 #항공의료서비스 #의사선생님최고

좋아요 댓글 달기 공유하기

미로 찾기

여기는 쿠버 피디의 오팔 광산!
오팔을 모두 주워서 광산 출구까지 나오는 길을 찾아보자!
단, 장애물을 만나면 안 돼~

허영심, 바다거북과 산호초 사이를 헤엄치다!

쿠란다 ▶ 그레이트배리어리프

영화 <아바타>의 배경이 된 **쿠란다**

덜컹덜컹~ 우리는 예쁜 기차를 타고 숲속을 달리는 중이야.

목적지는 '쿠란다'라는 마을인데, 아름다운 열대우림이 가득하대~

"이렇게 숲 한가운데로 기차가 지나간다니, 정말 신기해요!"

창밖으로는 울창한 숲이 손에 닿을 듯 가까이 펼쳐지고 있었어.

기차는 깊은 계곡에 아슬아슬하게 놓인 다리를 건너고,

물이 콸콸 쏟아지는 폭포 옆을 지나갔지.

마음까지 상쾌해지는 기분이야~

> 그런데 숲속에 기차가 왜 다녀요?

> 원래는 숲에서 자른 목재를 운반하는 열차였지!

덜컹~ 덜컹~ 덜컹~

> 저기 무지개다!

> 폭포가 엄청나게 크네~

 쿠란다는 어떤 곳인가요?

▶ 호주 북동부의 열대우림 가운데에 위치한 마을이야. 울창한 밀림과 폭포 등 다양한 볼거리 덕분에 많은 관광객이 찾고 있지. 쿠란다의 열대우림은 영화 <아바타>의 배경이 되기도 했어!

이곳에는 세계에서 가장 긴 케이블카가 있대.
아까 기차를 타고 지나온 밀림을 하늘 높은 곳에서 볼 수 있다지 뭐야!
"우아아~ 하늘을 나는 거 같아요!"
와우! 발아래로 끝없이 펼쳐진 밀림과 폭포, 강이 한눈에 들어왔어.
진짜로 비행기라도 타고 하늘을 나는 기분이었지~
으으, 좀 무섭긴 한데, 신나!

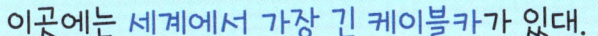

움찔!
언제 끝나요~?
꺄! 한 시간 반은 걸린다는데!?
하늘을 나는 기분이야!
꺄아
강물 색이 초코우유 같다!
뭐, 뭐라고~?!
덜덜덜

강물이 왜 누런 색이에요?

▶ 쿠란다는 일 년 내내 비가 많이 오는 열대 우림 지역이라 그래. 빗물과 함께 쓸려온 흙과 모래 때문에 누런 흙탕물이 되는 거지.

세계에서 가장 큰 산호초 지대 그레이트배리어리프

"밀림은 실컷 봤으니~ 이제 세계에서 가장 아름다운 바다를 보여줄게!"

선생님이 가슴을 탕탕 치면서 말했어. 우리는 두근거리는 마음으로 배에 올라탔지.

우리가 가는 곳은 '그레이트배리어리프'라는 곳이야.

세계에서 가장 큰 산호초* 지대인데, 물살이 잔잔하고 볼거리가 많아서 물놀이하기에 딱이래!

* 얕은 바다 속에 사는 산호가 모여서 만들어진 지형

그레이트 배리어리프

- 물이 엄청나게 맑다~
- 얘들아, 다들 준비 됐지~?
- 이건 여기다가 거는 거고~ 숨 쉴 수 있지?
- 오케이~ 그럼요!
- 얼른 가자고!

그레이트배리어리프는 얼마나 넓어요?

▶ 총면적이 한반도와 비슷할 정도로 넓단다. 우주에서도 보일 정도야.

세상에! 실제로 산호초 지대에 도착하니 눈이 휘둥그레졌어.

속이 훤히 들여다보이는 바닷속에 색색의 산호들이 끝도 없이 늘어서 있었거든.

꼭 바닷속에 예쁜 꽃이나 보석들을 흩뿌려 놓은 것만 같았지!

햇살까지 내리쬐니 어찌나 예쁘게 빛나던지~ 천국에 온 기분이었어.

"하하, 그럼 이제 물놀이를 해 볼까?"

바닷속에서 본 색색의 산호들

여기는 왜 이렇게 산호가 잘 자라요?

▶ 산호는 햇빛이 잘 드는 깨끗하고 얕은 바다에서 잘 자라. 소금기도 적당해야 하지. 그레이트배리어리프는 이 모든 조건을 만족시키는 곳이란다.

우리는 잠수 장비를 갖춰 입고 물 속으로 들어갔어. 풍덩!

따뜻한 바닷속에는 알록달록 빛나는 산호들이 가득했고, 그 사이사이로 예쁜 열대어들이 무리를 지어 돌아다니고 있었지.

"헐~ 선생님, 저기 바다거북이 있어요!"

허겁지겁 물 밖으로 나온 왕수재가 눈이 휘둥그레져서 소리쳤어. 진짜? 정말 거북이가 있다고~? 나도 볼래!

얘들아, 너무 멀리 가면 안 된다~

물 속에서 거북이를 어떻게 이겨~

거북이 쯤이야~!

산호는 사실 식물이 아니라 동물… 아, 이걸 말해줘야 되는데~

꼭 보석 같아!

이곳에선 어딜 가나 잠수를 할 수 있나요?

▶ 그레이트배리어리프에는 6,000여 개의 섬이 있어. 이 섬들 곳곳에서 스노클링과 잠수를 즐길 수 있단다.

호주의 이색 음식 캥거루 스테이크

한참 물놀이를 즐기다 보니 배가 고팠어.

히히. 선생님이 배 위에 음식을 준비해 두셨네?

"와아! 고기다 고기~ 선생님 감사합니다!"

으이그~ 장하다, 아주 신났구만?

음, 맛있긴 맛있는데…… 이게 무슨 고기예요?

"맛있니? 흐흐. 이건 캥거루 고기로 만든 스테이크란다."

맙소사! 캥거루 고기라니…… 정말 호주에서만 먹을 수 있는 음식이네!

 캥거루 고기는 어떤 맛이 나나요?
▶ 소고기랑 비슷해. 그래서 소고기가 들어가는 음식에 캥거루 고기를 대신 넣기도 한대. 잘 찾아보면 우리나라에서도 맛볼 수 있어~

그레이트배리어리프의 비밀을 밝혀라!

호주의 그레이트배리어리프는 세계에서 가장 거대한 산호초 지대야. 어찌나 거대한지 우주에서도 그 흔적이 보일 정도라고 하지. 오늘은 그레이트배리어리프에 대해 자세히 알아보도록 할까?

산호초가 뭐지?

산호는 얕고 따뜻한 바다에 사는 바다 생물이야. 그리고 산호가 내뿜은 분비물과 죽은 산호들이 오랜 세월에 걸쳐 바다에 쌓인 것을 **산호초**라고 부르지. 산호는 색이 화려하고, 모양도 다채롭기 때문에 잘 발달된 산호초 지대는 무척이나 아름다워!

산호는 겉보기에 나무 혹은 보석처럼 보이지만…

알고 보면 '동물'이라는 놀라운 사실~!

얼마나 클까?

그레이트배리어리프는 호주의 동부 해안을 따라 길게 펼쳐져 있어. 길이는 2천 킬로미터, 면적은 약 20만 제곱 킬로미터로 **한반도 크기에 맞먹을 정도**이지.

그레이트배리어리프

실제로 위성에서 찍은 사진이야!

심지어 우주에서도 그레이트배리어리프의 흔적이 보여. 지구상의 생물이 만든 흔적 중에서 가장 거대하지!

산호초는 수많은 바다 생물의 보금자리!

그레이트배리어리프에 살고 있는 산호는 모두 **400여 종이 넘어**. 모양이나 색도 무척이나 다양해서, 평평한 테이블 같은 산호, 동그란 보석 같은 산호, 기다란 띠 같은 산호까지 다양한 산호를 볼 수 있지.

산호초 곳곳을 헤엄치며 사는 물고기도 무려 1,500종에 이르러. 이런 물고기를 사냥하며 사는 동물이나, 산호초에 자리를 잡고 살아가는 말미잘, 해파리 같은 바다 생물까지 합치면 그레이트배리어리프는 거의 **수만 종에 이르는 생물들의 보금자리**인 셈이야.

거기 서~

산호가 하얗게 변했어!

위기에 처한 그레이트배리어리프

최근 **지구 온난화** 때문에 이 아름다운 그레이트배리어리프도 위기에 처했어. 바닷물의 온도가 갑자기 올라가면서 산호들이 떼죽음을 당하고 있거든.

지구 온난화 때문에 떼죽음을 당한 산호들이야.

연구 결과에 따르면 이미 산호가 30퍼센트 넘게 사라졌고, 이대로 온난화가 계속된다면 30년 안에 모든 산호가 멸종하게 될 거래. 과연 그레이트배리어리프를 지킬 수 있을까? 우리 모두 힘써보자!

숨은 그림 찾기

으아~ 어쩌지? 바닷속에 가방을 퐁당 빠트리고 말았어.
물속을 샅샅이 뒤져서 가방 속에 있던 물건을 찾아줘! 모두 6개야~

찾아야 할 물건들: 각도기, 핸드폰, 컴퍼스, 우산, 가위, 필통

곽두기, 놀이공원 천국에서 롤러코스터를 타다!

골드 코스트 → 스카이 포인트 전망대 → 서퍼스 파라다이스 → 테마파크 → 아웃백 스펙타큘러

세계적인 관광 도시 골드 코스트

어느새 오늘이 호주 여행 마지막 날이래~ 시간 한번 빠르다!
"마지막 날이니까, 오늘은 정말 신나게 놀아보자~"
우리가 온 도시는 '골드 코스트'인데, 놀거리가 엄청 많기로 유명하대.
일단 전망대로 올라가서 도시가 어떤 모습인지부터 구경하기로 했어.
어휴, 얼마나 높은지 엘리베이터만 타도 머리가 어질어질~
오잉? 이게 세계에서 가장 빠른 엘리베이터래!

쏴아아아

해변이 얼마나 길면 끝이 안 보여요?

▶ 골드 코스트의 해변은 모두 70킬로미터나 돼. 자동차로 달려도 한 시간을 꼬박 가는 거리야. 굉장하지? 해변이 너무 넓어서 오히려 사람은 적어 보이는 편이래.

전망대에 도착하니 유리창 밖으로 화려한 도시가 내려다보였어.
지평선 멀리까지 해변이 펼쳐졌고,
해변 가까이로 웅장한 고층 빌딩들이 들어서 있었지.
"와아~ 모래사장이 햇살을 받으니까 정말 아름다워요!"
정말이네! 해변의 모래사장이 맑은 햇살을 받아서 황금빛으로 빛나더라고. 정말 아름다운 풍경이었지!
이래서 이 도시 이름이 '골드 코스트'인 거구나~!

정말 끝이 안 보일 정도로 넓은걸요?

날씨가 엄청 화창해요~ 멀리까지 보인다!

얼른 바닷가 놀러 가요! 얼른얼른!

골드 코스트는 '금빛 해변'이라는 뜻. 훗.

콱

후다닥

107

우리는 바다부터 둘러보기로 했어.

와아, 내려와서 보니까 해변이 더 넓네. 끝도 안 보여!

"파도 타는 사람들이 많지? 이 해변은 서퍼스 파라다이스라고 해."

선생님 말대로 바닷가에는 서핑 보드를 들고 돌아다니는 사람들이 꽤 많았어.

물론 해변에 한가롭게 누워서 일광욕을 즐기는 사람들도 많았지.

그나저나 파도 타기 하는 형들 정말 멋있다!

좋았어~ 나도 도전!

파도 타는 서퍼

한참 물놀이를 즐기고 난 후에는 테마파크 구경에 나섰어.
골드 코스트는 온갖 테마파크가 많기로 유명한 도시라지 뭐야?
신나는 롤러코스터를 탈 수 있는 놀이공원은 물론이고,
농장 체험을 할 수 있는 곳도 있었지. 양털 깎기 쇼도 하더라고!
"헐, 배트맨이다~ 선생님, 배트맨이랑 사진 찍을래요!"
히히, 정신없이 즐기다 보니 하루가 후다닥 가버렸지 뭐야!

왜 이렇게 테마파크가 많아요?

▶ 골드 코스트는 관광산업으로 돈을 버는 도시야. 관광객들을 끌어들이기 위해 테마파크를 많이 건설한 거지. 주로 동물원과 놀이공원이 많고, 큰 쇼핑몰도 있어!

용선생의 스페셜 가이드

자원의 축복을 받은 호주

지금까지 호주의 아름다운 자연을 잘 감상했니? 그런데 호주의 자연은 아름다울 뿐만 아니라, 수많은 지하자원을 한가득 품고 있기도 하단다. 덕분에 호주는 세계에서 손꼽히는 자원 부국이지. 그럼 호주에는 어떤 자원이 있는지 지금부터 살펴보자!

호주 국내 총생산의 10퍼센트

지하자원을 개발하는 광산업은 1850년대 골드러시를 시작으로 호주 경제의 부흥을 이끈 대표적인 산업이야. 오늘날에는 호주 전체 수출의 절반 이상을 차지하고 국내 총생산(GDP)의 10퍼센트나 차지하고 있지.

금, 철광석 매장량 세계 1위!

호주는 세계에서 철광석이 가장 많이 매장된 나라야. 덕분에 세계 1위 철광석 수출국이기도 하지. 어디 그뿐이야? 금, 납, 니켈, 아연, 우라늄 등 각종 광물의 매장량도 손꼽힐 정도로 많다. 최근까지도 새로운 광산이 계속 개발되고 있다니, 참 대단하지?

석탄 수출량 세계 2위!

호주는 석탄 생산량 세계 4위, 석탄 수출량 세계 1~2위에 빛나는 나라야. 앞으로 수백 년간 캐도 넉넉할 정도의 석탄을 갖고 있지.

세계에서 손꼽히는 천연가스 수출국!

천연가스는 가정용 난방 연료로 쓰이는 주요 자원이야. 호주는 천연가스도 풍부해서 가까운 아시아 국가에 대량으로 수출하고 있지.

희토류 생산량 세계 2위!

희토류는 휴대폰, 태블릿PC, 전기 자동차에 들어가는 배터리 제조에 빠질 수 없는 필수 광물이야. 호주는 세계에서 여섯 번째로 희토류가 많이 매장된 나라이기도 하지.

다이아몬드 매장량 세계 3위!

호주는 세계에서 손꼽히는 다이아몬드 생산 국가이기도 해. 보석으로 쓰일 정도로 예쁘지 않은 다이아몬드는 그 단단한 성질을 이용해 여러 산업에 이용되는데, 특히 호주는 산업용 다이아몬드가 풍부하기로 유명하지.

호주의 주요 직업 중 하나, 광부

우리나라에서는 광부를 보기 어렵지? 하지만 호주에서는 광부가 연봉이 높은 직업 중 하나야. 호주의 광산업은 고도의 기술이 사용되는 전문 분야이기 때문에 광부들의 수입이 많은 편이고, 사회적 대우도 좋단다.

숨은 단어 찾기

우리가 10일 동안 호주를 여행하면서 알게 된 단어가 숨겨져 있어.
모두 10개야. 아래 힌트를 읽고 함께 찾아볼까?

도	레	솔	호	베	아	웃	백	박	요
크	릴	다	배	지	지	치	진	그	배
로	일	커	알	밀	윤	마	말	레	트
일	삭	콜	이	승	태	유	이	이	나
태	지	민	부	조	즈	칼	오	트	요
안	슈	풀	엠	골	매	립	스	배	일
소	미	관	시	드	니	투	트	리	란
리	간	불	베	코	아	스	레	어	주
애	버	리	진	스	이	비	타	리	대
호	링	찌	다	트	국	커	일	프	울
랑	퍼	거	슨	니	카	아	리	이	루
시	링	스	맘	만	디	라	종	핍	루

❶ 호주에서 **가장 큰 도시**는?

❷ 호주의 상징인 코알라는 ○○○○○ 나무의 잎만 먹는대!

❸ **야채로 만든 잼**이야. 호주 사람들이 아주 좋아하는데, 아주 짠맛이 나!

❹ 호주에서 **수만 년 전부터 살았던 원주민**을 ○○○○(이)라고 불러.

❺ **지구에서 가장 큰 바위**야. 호주 내륙 깊숙한 곳에 있지. 지구의 배꼽이라고도 해!

❻ 호주 북동부 해안에 있는 **산호초 지대**야. 어찌나 큰지 우주에서도 보인대.

❼ **서호주의 중심 도시**야. '세계에서 가장 고립된 도시'라는 별명도 있어.

❽ 호주 영토의 절반은 **사람이 살기 힘든 황무지**야. 이곳을 ○○○(이)라고 불러.

❾ 호주의 **제일 남쪽에 있는 섬**이야. 아름다운 자연 환경과 신기한 동물로 유명하지.

❿ ○○ ○○○은/는 **테마파크가 많기로 유명한 도시**야. 해안이 금빛으로 아름답게 빛나서 이런 이름이 붙었어.

안녕~ 호주!

여행은 즐거웠니?
여행하며 배운 내용을 다시 한번 확인해 볼까?

호주 땅은 어떻게 생겼을까?  지리

다음 문장을 읽고, 알맞은 답을 골라 보자.

1 호주의 수도는 (　　　)야.
　① 퍼스　　② 멜버른　　③ 캔버라

2 호주는 (　　　)에 있어서, 우리나라와 계절이 반대야.
　① 남반구　　② 북반구　　③ 극지방

3 호주에서 인구가 제일 많은 도시는 (　　　)야.
　① 시드니　　② 다윈　　③ 호바트

호주는 어떤 역사를 가지고 있을까?

역사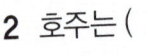

보기 에서 알맞은 단어를 찾아 빈칸에 써 보자!

보기　골드러시, 영국, 프랑스어, 울루루, 크리켓, 백호주의, 애버리진, 프랑스, 영어

4 호주는 원래 원주민 (　　　)이 살던 땅이었어.
　지금은 호주 인구의 약 3퍼센트를 차지하지.

5 1800년대에 호주에서 큰 금광이 잇따라 발견되며 수많은 사람들이
　호주로 이민을 왔어. 이 사건을 (　　　)라고 해.

6 호주는 한때 (　　　)의 식민지였지.
　그래서 오늘날 호주 사람들의 언어는 (　　　)야.

문화 — 호주 사람들은 어떤 모습으로 살아갈까?

다음 문장을 읽고 옳은 것에는 O, 틀린 것에는 X에 동그라미 쳐 보자.

7 호주에서는 캥거루를 귀하게 여겨서 캥거루 고기를 먹지 않지. (O , X)

8 호주에서 즐겨 먹는 피쉬 앤 칩스는 원래 원주민의 음식이었어. (O , X)

9 호주 사람들은 영국과 비슷하게 크리켓, 테니스 같은 스포츠를 즐겨 해. (O , X)

경제 — 호주는 어떤 산업이 발달했을까?

호주 경제에 대한 설명을 읽고, 알맞은 단어에 동그라미 쳐 보자.

10 호주는 풍부한 지하자원을 바탕으로 세계에서 1, 2위를 다투는 (광산업 / 첨단 산업) 국가가 되었어.

11 호주는 세계적인 (양모 / 자동차) 수출국이야.

12 우리나라는 호주에서 (쌀 / 소고기)를 많이 수입하고 있지.

정답

1일

2일

3일

4일

5일

6일

7일

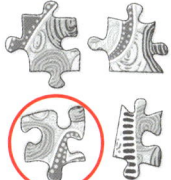

8일

9일

10일

퀴즈로 정리하는 호주 <정답>

1 ③	2 ①	3 ①	4 애버리진
5 골드러시	6 영국, 영어	7 X	8 X
9 O	10 광산업	11 양모	12 소고기

나도 곳곳에 숨어 있었는데, 찾았니? 몰랐다면 다시 한번 읽어봐~

〈사진 제공〉

[셔터스톡] Kevin Hellon, Leah-Anne Thompson, DinoPh, Panu Kosonen, katacarix, Dr. Victor Wong, Mick2770, Sheila Fitzgerald, ARprofessionals.com. my, Boyloso, OP!S Zagreb, Adam Calaitzis, Neale Cousland, Sue Martin, Nokuro, Sahara Prince, Damian Lugowski, LittlePanda29, ChameleonsEye, Holli, Maurizio De Mattei, Nick Brundle, fritz16, VanderWolf Images, Markus Gebauer, ChameleonsEye

[위키피디아] Benjamint444, JJ Harrison, Henry Whitehead, Klaus, Graham Crumb/Imagicity.com, Doxymo, Sven Tombers, CSIRO

※ 퍼블릭 도메인은 따로 표기하지 않았습니다.

용선생이 간다 : 호주
세계 문화 여행 ⑦

1쇄 발행 2021년 1월 4일
6쇄 발행 2024년 7월 26일

글 사회평론 역사연구소
그림 뭉선생, 윤효식
자문 및 감수 박선영
캐릭터 이우일
어린이사업본부 이승필
편집 송용운, 김언진
마케팅 윤영채
경영지원 나연희, 주광근, 오민정, 정민희, 김수아
디자인 박효영
조판 디자인 톡톡

펴낸이 윤철호
펴낸곳 ㈜사회평론
전화 02-326-1182
팩스 02-326-1626
주소 03993 서울시 마포구 월드컵북로6길 56 사평빌딩
용선생 클래스 yongclass.com
출판등록 1993년 10월 6일 제10-876호

ⓒ 사회평론, 2021

ISBN 979-11-6273-151-2 77900

* 이 책 내용의 일부나 전부를 다시 사용하려면 저작권자와 사회평론의 동의를 받아야 합니다.
* 잘못 만들어진 책은 구입하신 곳에서 바꾸어 드립니다.

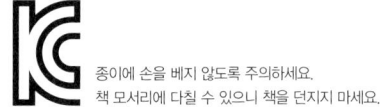

종이에 손을 베지 않도록 주의하세요.
책 모서리에 다칠 수 있으니 책을 던지지 마세요.

내가 만든 호주 지도

스티커를 붙여서 너만의 지도를 만들어 봐!

인도양

호주 곳곳에서 볼 수 있는 야생 들개

호주에서만 사는 날지 못하는 새

호주 영토의 절반 이상을 차지하는 황무지

호주 원주민이 신성하게 여기는 세계에서 가장 큰 바위

퍼스

1800년대에 금을 찾아 이민자들이 호주로 몰려들었던 사건

세계 지도에서 호주 찾기!

북아메리카 유럽 아시아
아프리카
남아메리카 오세아니아

내가 만든 호주 지도

★ 알맞은 자리에 스티커를 붙이세요.

울루루

딩고

아웃백
오페라하우스

에뮤

골드러시

애버리진

★ 스티커를 자유롭게 붙여 보세요!

《용선생이 간다》 호주